中国植物园标准体系

界定标准、技术规范、绩效评价与认证体系

黄宏文　廖景平　张　征　编著

科学出版社

北　京

内 容 简 介

我国植物园目前处于快速建设和稳步发展阶段，已成为国际植物园界的中坚力量。本书的撰写目的是树立我国植物园的行业标准，推进我国植物园规范化科学管理。书中简述了我国植物园的发展现状，提出了我国植物园应遵循的界定标准、植物引种收集与迁地保护的标准和主要技术规范，编制了我国植物园的绩效评价体系和认证办法。希望本书的出版能够在支持本土植物和珍稀濒危植物保护、加强迁地保育及其管理与植物资源应用、提升植物园保护研究水平和教育能力等方面起到促进作用，为我国植物园的主流工作和发展提供质量导向与专业导向。

本书可供农林、园林园艺、环境保护等相关学科的科研和教学工作者，以及政府决策与管理部门的工作人员阅读参考。

图书在版编目 (CIP) 数据

中国植物园标准体系：界定标准、技术规范、绩效评价与认证体系/黄宏文，廖景平，张征编著. —北京：科学出版社，2019.6

ISBN 978-7-03-061382-0

Ⅰ. ①中… Ⅱ.①黄… ②廖… ③张… Ⅲ. ①植物园–中国–标准体系 Ⅳ.①Q94-339

中国版本图书馆 CIP 数据核字(2019)第 105150 号

责任编辑：王 静 王海光 / 责任校对：郑金红
责任印制：吴兆东 / 封面设计：刘新新

科学出版社出版
北京东黄城根北街 16 号
邮政编码：100717
http://www.sciencep.com

北京凌奇印刷有限责任公司印刷

科学出版社发行 各地新华书店经销

*

2019 年 6 月第 一 版 开本：A5（890×1240）
2019 年 6 月第一次印刷 印张：3 1/8
字数：97 000

POD定价： 98.00元
（如有印装质量问题，我社负责调换）

前　言

中国现代植物园的发展历史已逾百年，在能力建设、迁地保护、科学研究与资源发掘利用等方面取得了举世瞩目的进步和成就，已成为国际植物园界的中坚力量和发展主流。然而，审视我国植物园的发展和现状，仍然存在一些亟待解决的问题。在科技部科技基础性工作专项、中国科学院重点部署项目和中国植物园联盟建设项目等的支持下，中国科学院华南植物园组织编制了《中国植物园标准体系：界定标准、技术规范、绩效评价与认证体系》（以下简称《中国植物园标准体系》），为我国植物园提供可广泛参照、适用于不同类型植物园的技术标准框架，推进中国植物园和树木园的规范化科学管理，促进我国植物园建设规划、运行管理和服务质量的升级，引导我国植物园迁地保护、科学研究、资源发掘利用、园林园艺、科普教育和旅游事业的高水平发展，为我国植物园的主流工作和发展提供质量导向与专业导向。

《中国植物园标准体系》分为 5 章。第 1 章为中国植物园的发展现状，简述了我国植物园的发展历程和能力建设、迁地保护与物种管理、科学研究与资源发掘、公众教育与科普旅游，指出了我国植物园存在的问题，提出了发展策略建议。第 2 章为中国植物园的界定标准，继承了 IUCN-BGCS 和 WWF（1989）提出的国际现代植物园标准，整合了近年来国际植物园的新进展，并根据我国实际情况提出了我国植物园应遵循的界定标准和管理实践中应做好的工作。第 3 章为中国植物园主要技术规范，参照了英、美等西方国家的现代植物园有关活植物收集制度和发展战略规划，参考了国内部分植物园种质资源管理制度和国内外有关法规，试图引导我国植物园对植物引种收集、迁地保护及活植物收集的维护与监测、信息记录与档案管理及活植物的使用与管理进行规范。参照国际植物园协会（IABG）和国际植物园保护联盟（BGCI）等的植物园评价及认证最新进展，编制了中国植物园的绩效评价体系和认证办法。第 4 章为中国植物园绩效评价体系，引导树立活植物收集是植物园的基础和实质的观点，构建了 3 个一级界定性指标、19 个二级管理性指标和 60 个三级绩效指标，全面评价活植物收集与迁地保护管理、科普开放与公众教育、科学研究等工作。第 5 章为中国植物园认证，提出了界定性认证、类型认证和绩效认证，建议了基本的认证程序。

在《中国植物园标准体系》的编制过程中，研究总结了国际现代植物园的起源、发展历程、功能变迁和管理经验，调查研究了中国植物园的起源、发展历程、管理现状及相关经验，借鉴了国内外现代植物园发展战略规划、活植物收集管理规范和植物园管理有关资料与技术规程，参考了部分国家标准或标准条文。同时，根据中国科学院关于植物园建设、规划、评价的有关文件，全面梳理了植物园在保护、科研、科普和资源应用方面的考核内容，结合近几十年来我国植物园建设、管理和服务的实际情况及植物园在物种保护方面应承担的全球使命，对一些重要内容进行了修订和确认，使其更加符合中国植物园和树木园的发展实际。

鉴于《中国植物园标准体系》具有一定的专业性，根据中国植物园联盟的要求，2018 年 8～9 月项目组邀请了贺善安研究员、许再富研究员、胡启明研究员、潘伯荣研究员、孙卫邦研究员、赵世伟研究员、景新明研究员和胡永红研究员等具有植物引种收集、迁地保护和植物园管理工作经验的同行专家对《中国植物园标准体系》作了书面评审。2018 年 11 月 12 日，中国植物园联盟在浙江宁波组织了专家评审会，贺善安研究员、许再富研究员、胡启明研究员、潘伯荣研究员、管开云研究员、陈进研究员、任海研究员、葛颂研究员、赵世伟研究员、郭忠仁研究员和娄治平研究员应邀参加了专家评审会。上述评审专家一致同意通过《中国植物园标准体系》评审，并提出了许多中肯的建设性修改意见，促使《中国植物园标准体系》得到修订和提升。评审专家组认为：《中国植物园标准体系》体现了现代植物园的发展趋势、时代要求和历史使命，符合中国植物园建设发展的基本需要，符合活植物收集和迁地保护及其规范管理的要求，有利于提升活植物收集的保护效率和深化植物资源可持续利用的发展与创新。

《中国植物园标准体系》的编撰涉及大量资料的收集、梳理和归纳，各植物园的许多同行参与了相关工作，部分贡献者已在书中注明，部分亦可能挂一漏万，在此对所有贡献者致谢。《中国植物园标准体系》的编撰得到了“植物园国家标准体系建设与评估”（KFJ-1W-No1 和 KFJ-3W-No1-2）、“植物园迁地栽培植物志编撰”（No.2015FY210100）、“植物园迁地保护植物编目及信息标准化”（No.2009FY120200）、中国科学院华南植物园“一三五”规划（2016—2020）“中国迁地植物大全及迁地栽培植物志编研”、国家基础科学数据共享服务平台“植物园主题数据库”、中国科学院植物资源保护与可持续利用重点实验室、广东省数字植物园重点实验室和广东省应用植物学重点实验室的大力支持。在《中国植物园标准体系》编撰过程中，参考了《中华人民共和国野生植物保护条例》《中华人民共和国濒危野生动植物进出口管理条例》《中国植物保护战略》《关于加强植物园植物物种资源迁地保护工作的指导意见》及国际植物园界有关文献，在此一并致谢。

由于作者水平有限，书中难免有不足之处，恳请同行和广大读者批评指正。

2019 年 4 月

目　　录

1 中国植物园的发展现状

中国现代植物园的历史可回溯到1871年建立的香港动植物公园，迄今已有140余年的历史。经过百余年曲折发展历程，中国植物园在能力建设、迁地保护、科学研究与资源发掘利用等方面取得了举世瞩目的进步和成就，已成为国际植物园界的中坚力量和发展主流。然而，由于历史原因，我国植物园的数量、保护能力和植物迁地保护状况等基本现状不清，制约了我国生物多样性保护和植物迁地保护国家策略的有效实施（黄宏文，2018a）。2014～2017年，华南植物园迁地栽培植物志研究团队经过问卷调查、文献研究和实地走访，全面调查了中国植物园及其植物迁地保护的现状，分析了我国植物园的发展现状与存在的问题，提出了植物迁地保护进展报告及相关建议，为我国履行国际生物多样性公约和国家生态文明建设提供了科学依据。

1.1 发展历程与能力建设

我国现有植物园162个，其分布区涵盖了我国主要的气候区和植被带，其中位于边缘热带潮湿地区的植物园32个（占20%）、亚热带地区68个（占42%）、温带地区62个（占38%）。寒温带地区和青藏高原寒带尚无植物园，需加强高原寒带和极端环境地区的植物园建设。

调查表明，我国 1950 年以前建立的植物园现存 12 个，占现有植物园总数的 7.4%，均为我国现代植物园建设初期，以殖民者建园为主、中国人自主建园为辅建立的植物园。中国人自主建设的植物园主要以教学、资源调查和植物收集为目的（黄宏文和张征，2012）。我国植物园建设的第一次高峰期出现于 1950 年以后，其中 1950～1959 年建立植物园 41 个，占现有植物园总数的 25.3%，是我国植物园的恢复建设阶段和现代植物园的探索发展阶段；以中国科学院建设现代植物园为牵引，探索了不同行业、不同系统的植物园建设及其发展定位，注重植物调查、引种驯化及其植物学研究，在我国现代植物园建设、植物资源调查及现代植物科学的学科建设方面发挥了积极的作用，对农林园艺等相关行业的发展发挥了支撑作用。1980 年开始出现第二次植物园建设高峰期，我国植物园建设进入快速发展阶段，各行业、各系统纷纷建设植物园，丰富了迁地保护植物种类，优化了植物园结构，发挥了植物园的经济社会功能，并支撑了行业的发展；同时为满足植物园科普开放和公众知识传播的需求，许多植物园不断提升园林景观，公众教育和科普旅游得到强化。自 20 世纪 90 年代中期以来，我国出现了第三次植物园建设高峰期，以植物收集、迁地保护、科学研究与资源发掘利用、公众教育为主要目的，植物园的规划和发展与国际现代植物园同步，我国植物园建设步入多种模式植物园并存阶段，生物多样性保护、本土植物收集、受威胁植物保护成为我国植物园的重要工作任务。进入 21 世纪以后，在中国科学院知识创新工程的推动下，中国科学院的植物园迎来了新的发展机遇，重新定位并部署面向新世纪的植物园的使命任务、发展规划、研发重点、科学普及、设施能力和资源集成等中长期愿景，促进了园区建设、植物引种收集和科学研究的跨越发展，引领了我国植物园的创新发展，我国植物园建设进入稳步发展、提质升级阶段（黄宏文，2018a）。

我国现有植物园总面积 102 007.2 hm^2，其中专类植物园区面积 5400 hm^2，植物保育区与苗圃区面积 1014.9 hm^2，园区植被群落面积 76 171.7 hm^2，保育温室面积 53 hm^2，培育荫棚面积 32 hm^2。同时，已建成较为完善的迁地保护设施，其中组培微繁设施达 36 745 m^2，种子库达 11 962 m^2，植物园数量仅次于美国，位居世界第二位（Huang et al.，2018；黄宏文，2018a）。

1.2　迁地保护与物种管理

通过对我国主要植物园进行抽样调查与统计分析，我国目前迁地保护植物 396 科 3633 属 23 340 种，其中本土植物 288 科 2911 属 22 104 种，分别占我国本土高等植物科的 91%、属的 86%和种的 60%。按 *Flora of China* 的植物名录校正，并剔除重复和种下分类单元，我国植物园现有迁地栽培植物的物种数约为 20 000 种，基本涵盖了我国现有植物总数的 60%左右（黄宏文和张征，2012）。从国外引进的植物主要是园林植物、经济植物和重要的资源植物，我国植物园的迁地收集和栽培构成了我国植物迁地保护的核心与主流。我国植物园已建立专科、专属和专类植物园区 1195 个，在我国本土植物多样性保护和植物资源发掘利用方面发挥了关键作用。

但是近 30 年来，我国经济社会快速发展，人口增长对自然环境的压力增大，植物濒危物种数量不断增加。植物园迁地保护珍稀濒危物种远满足不了我国受威胁植物保护的需求。目前，我国植物园迁地保护濒危及受威胁植物的数量约 1500 种，仅包含我国最新植物红色名录中约 40%的珍稀濒危植物。

从总体上看，我国植物园引种收集和迁地保护取得了巨大的进展，但在迁地保护管理和数据信息档案等方面仍需加强。同时，植物资源的评价缺乏系统性和科学性，资料零散、科学数据资料保存与共享严重滞后，对植物多样性的迁地保护产生了制约，未形成长期、稳定、高效的植物迁地保护的国家体系，也影响了植物资源引种驯化对我国经济社会发展和生物产业转型升级的支撑作用（黄宏文，2018a）。

1.3 科学研究与资源发掘

我国植物园针对活植物收集的科学研究，为植物多样性保护和资源发掘利用奠定了科学基础。依托活植物收集专类园区开展的科学研究成果不断涌现，在植物多样性保护、植物资源评价、遗传改良与品种培育、受威胁植物野外回归、植物志编撰、植物生理学与生态学研究等方面都取得了长足的进展（黄宏文，2018a）。我国植物园开展的“植物园迁地保护植物编目及信息标准化”，基本完成了我国主要植物园迁地保护植物数据库的建设，在2014年出版的《中国迁地栽培植物志名录》的基础上，2018年完成13卷《中国迁地栽培植物大全》的出版（黄宏文，2015-2018）。2015年以来启动的“植物园迁地栽培植物志编撰”项目，部署了我国植物园优先收集的重要植物类群约30卷的编撰，并已出版了木兰科和紫金牛科两卷（杨科明等，2015；黄宏文，2014；刘华等，2017）。我国植物园不断持续加强对本土植物的收集和保护，深入开展植物资源收集和国家种质资源库建设，聚焦珍稀濒危植物的保护、外来入侵植物监控；同时拓展特殊生境植物的保护收集，不断推进科学研究与生产应用相结合的植物园发展策略。不同地区与类型的植物园也利用地理区域优势开展专科、专属、专类植物的收集和珍稀濒危植物的迁地保护，各项工作取得了突破性进展。

我国植物园主导了受威胁植物的野外回归，开展并实施回归的植物有40余种，进行回归研究和实验的物种约60种（任海等，2014）。同时我国植物园在植物新品种培育、植物新品种权保护等方面取得了长足的进展，对资源的发掘利用都发挥了极其重要的作用。近年来，我国植物园培育了1500余个新品种，其中502个获国家新品种权；推广园林观赏/绿化树种17 774种次（黄宏文，2018a）。但是，我国从事植物资源发掘利用的植物园的比例并不乐观，开展科学研究的植物园的比例则更低。开展植物分类学、园艺学、民族植物学和保护生物学研究的植物园分别为68个（占植物园总数的42%）、77个（占47.5%）、32个（占19.8%）和58个（占35.8%）；仅分别有54个植物园（33.3%）和24个植物园（14.8%）从事迁地保护项目和野外回归项目，尚未形成明显的植物园科学研究特色。加强我国植物园的资源发掘和应用植物学研究，服务我国生物经济和生态文明建设将是我国植物园的重要方向之一（黄宏文，2018a）。

1.4 公众教育与科普旅游

我国植物园已成为优质的旅游景区和重要的旅游目的地。据统计，2012～2014 年入园参观游客达 155 582 304 人次，其中青少年人数为 29 574 832 人次。我国植物园的公众教育与科学普及仍有巨大的发展空间和提升潜力。例如，我国仅有 93 个植物园（48.7%）设有游客服务中心/科普教育中心，科普教育与旅游服务的基础设施条件有待加强。在科普活动和教育课程方面，我国植物园有 42 个（22.0%）设立了中小学生教育课程，46 个（24.1%）设立了大学生教育课程，43 个（22.5%）设立了一般公众教育课程，教育课程体系有待建立和拓展。而且我国植物园仅有 65 个（34.0%）设立了科普教育项目，89 个（46.6%）举办了科普讲座，95 个（49.7%）开展了导赏游览，70 个（36.6%）举办了主题/专题展览。我国植物园志愿服务水平低、人数少，据调查，2012～2014 年，我国共有科普志愿者 20 969 人，植物保育志愿者 10 604 人。

1.5 存在的问题与发展策略

与国际植物园近 500 年的发展历史相比，我国现代意义上的植物园发展历史短，与国际现代植物园相比还存在一定差距。例如，我国植物园在植物收集引种实践中，普遍存在种源信息和谱系记录不清、遗传混杂和盲目引种等问题。不科学的引种导致迁地栽培后代出现近交衰退等遗传风险，这需要引起我国植物园的重视并探索相应的发展策略。

我国植物园体系急需建立适合我国国情的植物园标准与技术规范，引导我国植物园的建设和管理，加强我国植物园的活植物收集及迁地保护管理，提升活植物收集的科学价值、研究价值和保护效率，使我国植物园成为我国经济社会可持续发展的植物多样性研究和保护平台，这将是我国植物园未来一段时期努力的重要方向。

2 中国植物园的界定标准

本书参考了国际植物园协会（IABG）关于植物园的广义定义，即植物园是收集保存活植物的专门机构，活植物收集的目的是科学研究、园艺研发、迁地保护、引种驯化、教育展示、可持续发展，以及科普和宣传等（IUCN-BGCS and WWF，1989；Leadlay and Greene，1998；Heywood，2011）。植物园的实质是基于相关科学依据的活植物收集，其价值是活植物收集的信息积累，其使命是植物多样性保护，其社会职责是资源发掘利用和满足人们追求美好生活的需求。活植物引种收集、迁地保护、科学数据的研究与利用、公众教育等，构成了植物园的界定标准和核心的性质特征。同时，本书还参考了《植物园保护战略》（IUCN-BGCS and WWF，1989）中的相关界定标准，结合近年来国际植物园界对现代植物园的讨论和中国植物园的实际情况，拟定下述 5 个植物园界定属性标准，供我国植物园界参照执行。

2.1 永存性属性

永存性属性是指具有30～50年或更长时间的植物园园地的土地使用权并持续履行植物园功能。

2.2 科学研究属性

科学研究属性是指植物园应具有按科学依据收集植物的专类园区，如药用植物、农林作物近缘种及其育种资源、园艺与经济植物、有科学研究价值的植物等类群。鼓励开展植物学、园艺学、生态学、生物技术等相关研究，鼓励开展植物资源可持续利用理论和技术研发。

2.3 信息数据属性

信息数据属性是指植物园应开展植物信息记录与数据档案管理，具有植物信息记录长期保存及管理的机制，包括采集记录、迁地保护记录、资源评价记录、科学研究记录等，确保植物收集的科学价值及其后续应用价值。

2.4 管理监测属性

管理监测属性是指植物园应监测管理迁地保育植物的生长发育、栽培繁殖和物候特征等，确保重要生物学信息记录的长期持续积累与维护。

2.5 公众教育属性

公众教育属性是指植物园应具备规范的植物解说系统，向公众开放，开展植物展览、科学教育和科普宣传，满足公众提升科学素质和丰富文化生活的需求。

在管理实践中，我国植物园还需做好下述工作。

（1）植物挂牌：活植物收集各阶段应有足够的植物标牌，包括从引种收集到登录管理、迁地栽培、园艺展示、科学研究、发掘利用各个阶段的登录牌、植物名牌和解说牌。

（2）编目与信息发布：开展迁地栽培植物编目和活植物收集保育信息发布，以适当方式分享活植物收集信息。

（3）材料与信息交换：与其他植物园或研究保育机构交换植物材料和保护信息，包括基于活植物收集的信息和出版物，如“迁地栽培植物名录”“种子交换名录”和相关专著。

（4）植物园规划：有植物园总体规划、战略规划、组织结构或其他相关文件，界定植物园的定位、使命、愿景和目标价值，明确活植物收集的类型、维护和管理，以及植物园的持续运作。

3　中国植物园主要技术规范

植物园是重要的植物迁地保护机构，负责植物收集及其迁地栽培管理与科学研究及发掘利用，致力于保护植物多样性和提升活植物收集的价值（黄宏文，2018a）。植物园既要长期保存植物遗传资源与活植物材料，监测迁地保护植物的遗传变异和种群动态，又负有开展野外回归、栖息地恢复和管理、保护野生种群可持续生存的使命。同时，植物园也承担知识传播、科学普及的社会职能，致力于提高公众保护生物多样性的意识。

本书旨在规范中国植物园管理，促进我国植物园在迁地保护、科学研究、资源发掘利用、园艺展示及科普教育方面发挥其综合职能。

3.1　遵守生物多样性保护行为准则

植物园在开展引种收集、材料交换和迁地保护活动时应遵守国际准则、公约、法规和国内相关政策。根据最新的《世界自然保护联盟濒危物种红色名录》(以下简称IUCN红色名录)，优先开展受威胁物种的迁地收集管理和具有经济、社会和文化价值的受威胁种群保护；鼓励在目标物种的生态地理区域实施迁地保护计划。在自然分布区以外的迁地保护项目不得影响栖息地野外物种及其种群生存力，不得破坏野外栖息地；鼓励开展迁地保护植物的鉴定和长期监测，并兼顾就地保护与迁地保护的互补和综合。遵循国家发展战略，开展植物多样性的可持续利用研究，开展保护研究和培训，开展公众教育、提高公众保护意识，开展科学合作和完善保护技术。

3.1.1 遵守《生物多样性公约》

开展活植物收集与迁地栽培管理时，植物园应遵循采集许可、材料使用和转让协议等各项规范；既遵守《生物多样性公约》（以下简称 CBD）的限制，又应面对并承担使用、转让和利益分享中出现的问题和由此带来的责任。

3.1.2 遵守《濒危野生动植物物种国际贸易公约》

植物园不得开展濒危植物交易，尤其是国家间濒危植物贸易；如确需从野外收集《濒危野生动植物物种国际贸易公约》（以下简称 CITES）目录植物或转让至其他机构时，植物园应确保相关人员了解 CITES 及其含义，遵守 CITES 规定，并获得 CITES 许可后方能收集或转让 CITES 目录植物。鼓励植物园与海关合作，服务于 CITES 的实施；在获得违反 CITES 规定的没收植物时，帮助海关养护和鉴定植物；为 CITES 数据库的维护和更新提供支持，以方便 CITES 的相关保护行动。

3.1.3 实施《全球植物保护战略》

植物园应针《全球植物保护战略》（以下简称 GSPC）的

实施，全面提升我国植物园的植物保护能力和水平。鼓励植物收集满足分类学标准、提高综合保护水平，将研究与保护性收集和野外回归相结合；鼓励开展迁地保护植物的栽培技能的研究；加强收集列入中国植物红色名录的物种，尽可能保护这些物种的遗传多样性；评估外来入侵植物，有效清除和控制入侵植物，监测潜在的疑似入侵物种并防止其从植物园逃逸；监测和防治外来植物病虫害，遵守植物检疫和其他任何必要的检疫法规，协助检疫部门的检疫监测工作；开展公众科普教育，提高公众保护意识；开展园艺及其相关学科培训，提高园艺专业技能，提高植物种植管理和利用水平。

3.1.4 实施《中国植物保护战略》

植物园应参照《中国植物保护战略》（以下简称 CSPC）提出的目标和未来长远目标制定相应的工作重点。全面加强引种收集中国本土植物，对植物物种进行调查、编目；建立迁地保护植物的科学评价标准，评估物种的生存状况；加强植物迁地保护与就地保护联动，加强可持续利用模式的推广和创新；加强迁地保护的科学研究，提高保护的效率和质量，实施野外回归计划；建立具有重要社会经济价值的植物近缘种种质库；加强对外来物种和入侵物种的监测；加强野生植物的栽培、驯化和利用；加快发展地方名优植物，系统整理民族传统知识；加强植物科学和植物应用知识的传播，提高公众科学素质；加强植物多样性保护机制建设和促进制度完善，提高生物多样性保护的科技支撑。

3.2 植物引种收集

我国植物园要制定植物引种保育规划和活植物收集保育的管理制度，编制植物园景观规划，明确植物迁地保护的目标和主要任务，定位植物园的使命、愿景和价值取向。植物园应建设活植物资源收集保育与展示的基础设施，持续收集、保护和展示植物，持续维护迁地保护植物的良好生长发育和遗传完整性；完善保存管理活植物收集、迁地保护、科学研究、发掘利用及其他数据记录，确保活植物收集历史档案资料的长远性。定期评估迁地保护收集和迁地保护的效率，强化珍稀濒危植物和其他具保护价值植物的迁地保护责任，落实植物园发展战略规划确定的目标任务。

3.2.1 活植物收集的类型

植物园活植物收集的类型有分类学收集、本土植物收集、保护性收集、研究性收集、生物地理收集、历史性收集和异地收集等。

（1）活植物收集应以分类学收集为核心，建造以特定科、属、种为代表的导向性植物专类园区。

（2）本土植物收集应以 100%野生来源为目标，重视典型本土植物展示。

（3）保护性收集应重点保育 IUCN 红色名录或我国珍稀濒危和受威胁植物名录中的物种，兼顾未来受胁物种的收集。

（4）研究性收集应以植物园科学研究的总体部署、研究需求为导向，坚持高标准采样方法和种源信息记录及其迁地保护的长期维护。

（5）生物地理收集应关注特殊生境、生物特征或某些类群特殊栖息地的状况和分布。

（6）历史性收集应针对植物园规划建设历史、植物收集及其专类园区规划建设历史与变迁脉络。

（7）异地收集应针对迁地保护植物对气候条件的需求而设立，制定异地收集及其植物专类园区标准，开展特殊类群植物的异地收集和高标准迁地保护管理。

3.2.2 引种收集植物的优先原则

根据植物园的类型及其发展需求，综合考虑下述优先顺序进行引种收集（Rae et al.，2006）。

（1）科学研究、科研项目和研究价值导向的植物类群（R）。

（2）生物多样性保护、保护项目和保护价值驱动的重要类群（C）。

（3）具有公众教育和科普解说价值的植物类群（E）。

（4）满足教育教学需求的植物类群（T）。

（5）历史性收集的植物类群（H）。

3.2.3 引种收集植物的选择标准

（1）符合植物园活植物收集目标和发展战略规定的优先引种收集类群，坚持以已知植物学名和种源明确的类群为主。

（2）必须符合 CBD、CITES 等公约和法规，不收集任何来自非法渠道的植物材料。

（3）尽量避免重复，但用于迁地保护或科学研究、科普教育或大型活动（如赠送和出售）目的的植物除外。

（4）符合植物园常规管理维护措施的植物。

（5）购买植物材料时，销售者须具有销售植物的知识产权并遵守有关法规，且购买的植物材料应为已知野生种源信息的物种。

（6）从植物园间种子交换和种质库获得的植物材料须是从自然栖息地采集的野生来源植物材料，若源于植物园栽培植物的繁殖材料，则须知晓其原植株自然栖息地或野外来源的相关信息。

（7）接受赠送的植物材料须符合引种收集标准，且须评价其适应性和入侵性，不接受携带病虫害的植物和入侵植物，不接受来历不明的植物材料。

（8）原则上从市场购买、缺乏野生来源信息的植物材料，不纳入活植物迁地保护收集范畴。

3.2.4 引种收集植物的技术要求

（1）完善的引种记录信息：植物引种收集应填写详尽的野外引种记录，采集凭证标本，拍摄引种植物及其环境照片。引种记录应尽可能完整，主要包括引种号、引种人、中名、异名、科名、引种时间与地点、海拔、经纬度、原生生境（栖息地）、分布、习性、生物学特征（花、果、叶等）、遗传变异、伴生植物、材料类型、凭证标本、野外材料照片和/或采集地照片等。

（2）材料类型与数量：按引种计划开展引种收集，野外引种以种子、植物营养器官等为主；采挖林下灌木、草本及乔木幼苗时，不得破坏栖息地及原生植物种群生态；一般来说，收集幼苗的数量常见物种不少于 10 株，不易采集的物种不少于 5 株，收集种子的数量常见物种不少于 200 粒，不易采集的物种不少于 50 粒；用于迁地保护和回归目的的受威胁植物引种采集，应遵循种群遗传学原则。

（3）物种鉴定与查证：原则上由引种团队完成物种初步鉴定、引种信息（含引种植物及其栖息地照片）录入、悬挂引种标签等工作，对分类特征不足、暂时无法鉴定的种类，须跟踪鉴定并邀请专家协助完成物种鉴定。引种团队应为迁地栽培管理人员提供栽培管理技术咨询及相关信息并跟踪观察该物种的生长情况。

（4）引种资料管理：每年年底应组织年度引种收集汇总，包括引种收集数量、成活率、生长状况、物种鉴定和订正，以及植物信息记录（引种信息和档案信息）。原则上引种团队须在移交引种材料时，整理完善的引种原始记录、凭证标本、引种植物及其栖息地照片，并将这些材料一并移交至植物信息记录管理部门。

3.2.5 引种收集植物的制度

植物引种收集要遵从引种收集的优先原则，引种时必须及时填写详尽的引种记录，采集凭证标本和图片；引种人须跟踪引种植物登录、鉴定与查证、科学数据收集与更新；植物园须保持引种信息的完整性和持久性；植物园要持续开展植物引种收集，维持、提高植物迁地保护的数量和质量。应特别注重受威胁植物的保护性收集，提升野生来源比例和鉴定查证比例，持续开展迁地保护监测和评价。

（1）加强受威胁植物的保护性收集：①优先收集植物园历史上或科学研究中有价值的科和属的植物物种，如有重要科研价值的植物和稀有栽培植物；②优先收集稀有、易危或濒危物种，如 IUCN 红色名录物种和以植物园为最佳迁地保护场所的受威胁物种；③优先收集多样性保护行动计划中所在地区的物种和本地区乡土物种；④优先收集全国范围内在自然条件下稀有、易危、濒危物种，农林植物近缘种，以及观赏植物或经济植物类群；⑤加强与其他植物园的合作，鼓励收集与其他植物园具有不同种群来源的植物，扩大植物园保护性收集的遗传代表性；⑥定期评估重要类群迁地保护的遗传代表性，跟踪迁地保护植物遗传多样性的变化。

（2）提高野生来源比例和鉴定查证比例：植物园应致力于提高野生来源植物材料的比例和鉴定查证的比例，将迁地保护目标从目前注重迁地保护物种数量转变为提升迁地保护质量。充分认识野生来源植物材料对于科学研究和生物多样性保护的重要性，认识植物鉴定与准确命名的研究价值和保护价值，加强野生来源植物的引种收集，重视开展植物鉴定和植物名称变更查证，解决引种收集时存在的植物鉴定瓶颈问题。

（3）开展迁地保护监测和评价：①实时评估引种收集的规模和质量，在增加迁地保护植物数量的同时，注重维护管理和提高收集材料的质量，提升活植物收集与迁地保护的管理和维护水平；②及时更新收集植物的信息，坚持定期清查、年度审查评价活植物科、属、种、分类群、登录数和植株数，野生来源数量及比例，鉴定查证数量及比例，新增分类群数量和新登录数量，IUCN 红色名录物种数量，以及死亡物种数量和死亡登录数量；③迁地保护的重要科和属的数量应每 5 年统计其变化趋势，做出态势分析和制订未来计划；④迁地保护的其他科和属级分类群可根据研究重点或研究价值和植物园规划动态调整物种保育数量；⑤列出植物园须评估和监测的重要科、属，且每次评估均须包括这些类群。

3.3　植物迁地保护的维护与监测

开展活植物迁地保护的维护与监测，包括植物繁殖、移栽定植、鉴定查证、物候观测、活植物清查、生长发育与特征性状观测、种子收集与交换、病虫害防治、外来入侵物种监控、园艺和景观管理及其持续维护。

3.3.1　植物繁殖

植物园要将迁地保护植物繁殖列为常规工作和年度考核的基础指标，有计划、周期性地开展迁地保护植物繁殖，确立重点繁殖类群，研究繁殖技术与方法，完善和实施植物繁殖信息记录，建立植物繁殖制度，促进迁地保护及其他基因库的维护，整体推进植物多样性保护和植物资源可持续应用。

（1）繁殖优先原则：植物园应确立需重点繁殖的植物类

群，并遵循 7 条优先原则。①个体数量少于 10 株（丛）的植物，尤其是孤样本的本土植物、中国和地方特有植物及受威胁植物类群；②科学研究的重点类群，尤其是“同园”栽培条件下形态特征出现自然分化的类群；③新品种培育类群，尤其是申报国家品种权保护的新品种；④具有重要经济价值的类群，特别是具有农业或能源开发价值的植物；⑤具有园林观赏价值的类群，特别是夏季、秋季和冬季具有观花、观果价值的植物；⑥具有教学价值和历史价值的其他植物类群，包括系统分类学上重要代表类群、植物学史和科学史上的代表植物。

（2）繁殖信息记录：须包括原始植物材料的登录号、植物名称、繁殖地点、繁殖人员或专类园区、繁殖日期、繁殖方式、繁殖数量、繁殖苗的登录号等，并须跟踪和更新后续记录。种子繁殖还须增加播种日期、种子萌发日期及播种土壤基质类型、松土、低温处理、浇水等信息。营养繁殖须补充扦插或其他繁殖方式的繁殖时间、土壤基质、植物激素处理时间与激素类别、换盆时间等。

（3）植物繁殖制度：为确保植物繁殖工作常规化和制度化，植物园须做到 4 点。①将植物繁殖列入迁地保护植物维护管理和监测评价的常规工作内容与年度考核，年初提出繁殖植物计划和名单，年底总结考核；②建立植物繁殖实验室，配备合适的实验设施和资源，研究和探索有效的植物繁殖方法及技术；③详细记录繁殖方式、繁殖过程和繁殖结果，繁殖记录文件还应包含植物引种收集和迁地保护等信息；④要长期保持繁殖标签和繁殖记录，确保所有繁殖和产生的植株有完善的记录，必须保留旧的登录号并及时赋予繁殖个体和群体新的登录号，以确保繁殖体与原有登录入园植物个体的清晰关系。

3.3.2 移栽定植

（1）移栽定植的原则：①保育植物达到一定高度或生长受限时，应及时安排苗木出圃和移栽定植；②坚持总体规划、专类园区规划及其历史继承性和景观重要性原则；③已有专类园区的类群原则上须定植在相应专类园区，其他植物定植于标本园或新的定植区；④特定类群物种数量达到 50～100 种则须确定相对集中的园区定植，以便形成新的植物专类园区。

（2）移栽定植制度：①根据植物清查和生长状况，提出需要移栽定植的植物名单，提出年度植物移栽定植初步方案；②根据全园专类植物园区规划现状、物种收集数量和可利用空间，组织专题讨论确定定植方案；③根据移栽定植植物的生态型、生活型和景观优化需求，制订定植植物配置方案，兼顾花境营造、生物多样性保护和科普教育需求；④定植时基本引种保育数据及标签要同时移交定植区管理部门并绘制定植图，定植园区须观察和记录移入植物的物候和生长发育情况，对移栽定植植物的适应性、资源利用、区域性试验、长势进行综合评价，并将记录信息录入植物信息记录系统；⑤植物信息管理部门须全程跟踪植物移栽定植过程，并更新数据信息与定植标签。

3.3.3 鉴定查证

由于引种时缺乏鉴定所需特征信息或鉴定能力所限、未能及时挂登录标签、未能紧随植物移植定植，以及相同登录号的植物存在不同物种的混合收集及分类学研究修订等多种因素，植物园迁地保护和收集栽培的活植物中有相当数量需要鉴定和核实其身份。大量未鉴定的疑难物种，也需加强开展植物鉴定和查证。

（1）优先原则：①未鉴定植物；②仅鉴定到科或属的植物；③被怀疑错误鉴定的植物；④第一次开花的植物；⑤具有重要保护价值的植物；⑥有分类学或地理学研究价值的植物；⑦特定野外考察和引种采集的植物；⑧来源不清的植物和栽培种。

（2）等级划分：活植物名称鉴定查证分为如下 6 个等级。U—不确定植物名称是否经过专家审定；0—植物名称未经任何专家审定；1—植物名称已通过与其他已定名植物比较确定；2—植物名称已经过分类学者借助图书、标本或有档案记录的活植物而确定；3—植物名称已由正从事或近期刚从事过专科专属修订的分类学者确定；4—植物名称所依据的全部或部分模式材料的代表，或者来源于其模式材料的无性繁殖。

（3）鉴定查证制度：植物鉴定和查证是植物保育重要的常规工作，是植物园保育工作的重要环节，每年均须开展植物鉴定和查证，制定年初计划，撰写年终总结。保育苗圃和各专类园区均须采集存疑物种完整标本或鉴定所需图片资料并上传至植物信息记录系统；主管和具有高级技术职称的员工是鉴定查证的主要责任者，还应邀请和组织资深专家开展疑难物种的鉴定查证；邀请专科专属专类植物专家按照植物记录的规范格式等级开展植物鉴定查证。

3.3.4　物候观测

（1）物候观测点应依据植物保育、定植、展示地点确定，应设立园区气象站收集气象资料，记录观测点的主要环境条件。

（2）研究性长期物候观测，植株须生长发育健壮、无病虫害、生长地集中；须对重要的敏感性物候期或物候事件进行重点观测；植物专类园区或保育中心须对保育的植物进行全面的物候观测和记录。

（3）观察时间须从春季植株生长起始前开始，至秋后植物休眠或冬芽形成结束；一般连续观察 5 年，可根据研究项目要求设定观察年限；可根据重要物候时间设置观测日期密度，一般每周 2 或 3 次。

（4）物候观察者须确保观测和记录资料的系统完整，不可中断；物候观测应及时记录，不可凭记忆补记；应定期整理物候记录本，年终向植物信息管理部门递交物候观测记录表并归档。

（5）物候观测植株除登录号、定植号标牌外，须加挂物候标牌；原则上不得移动或再次搬迁用于物候项目的植物，如确实需要，应及时通知物候观察团队。

（6）对于长期观测和记录的物候项目，植物园可招募志愿者合作开展展示植物的物候观测和记录，培训志愿者使用数据库记录数据。

（7）建立全国植物园物候记录网，以及全国迁地保护植物物候观测记录系统。

3.3.5 活植物清查

开展植物清查，监测迁地保护植物的栽培保育过程和更新活植物数据信息，是进一步或未来引种收集的基础，也有助于弄清收集植物中需要繁殖的类群，同时为公众教育和科学研究提供准确信息。

（1）常规年度清查：植物园应在活植物收集常规管理工作中，监测和更新管理园区内栽培保育植物的动态，以及新种植物、死亡植物、标签更换、生物学观察（生长状况、发育状况、适应性等）和植物搬迁移动情况。

（2）定期清查：每 3 年开展一次迁地栽培植物全面清查。需先制作编号顺序清单、网格地图和地点清单，首次清查时未命名的地点须补充命名。清查时利用编号顺序清单、网格地图和地点清单确定活植物名、生长情况和数量，并补充或更新标签。

（3）清查信息记录：首次年度清查须更新植物的所有记录，包括现有环境条件（如林冠层郁闭度是否适宜清查植物的生长发育）、清查日期及任何与特定清查植物有关的前期清查者或清查部门等综合信息。以后的清查须更新与上次记录比较已改变的植物状况。

3.3.6 生长发育与特征性状观测

迁地保护活植物是人类的宝贵财富，是支撑国家经济社会和相关生物产业发展的基础资源。植物园迁地栽培的活植物，除要开展活植物位置、数量、健康状况等基本信息记录外，应开展迁地栽培条件下活植物生物学特征观测和生长量记录，提升植物园迁地保护植物的科学意义，并为基础植物学提供科学数据的支撑。

（1）生物学特征观测：以植物园实地引种栽培活植物形态学性状描述的客观性、评价用途的实用性和基础数据的服务性为基本原则，包括 5 点。①建立迁地保护活植物生物学特征观测制度，把具有科学意义和保护价值的类群、有重要经济价值与观赏价值的类群及重要的本土植物与特有植物类群纳入重点观测优先类群；②开展植物园“同园”栽培活植物从个体到群体形态学性状与特征性状的观察记录；③全面采集反映活植物芽、茎、叶、花、果实和种子生物学特征的翔实图片数据及凭证标本；④建立迁地保护活植物特征性状数据平台，持续录入特征信息和图片与标本信息；⑤将活植物生物学特征观测纳入年度工作计划和年度考核，提高迁地保护质量和效率，为植物科学与基础生物学研究、资源应用评价提供科学依据。

（2）生长量记录：①对重要、特定的植物类群，尤其是物候长期监测和有重要科学价值、经济价值和应用价值的植物/植株作植物生长量记录；②种植后第一年开始，连续观测5年，以后隔5年观测一次；③观测株数不少于10株，低于10株的按株数进行观测，观测时须注明观察植株登录号、定植号，观测指标包括株高、胸径和地径；④乔灌木株高以自然高度为最高观测点，棕榈植物株高以芽生长点为最高观测点；⑤胸径以离地面1m处为胸径观测点，地径以离地面20cm处为地径观测点。

3.3.7 种子收集与交换

种子交换是植物园间免费交换种子和其他植物材料的长期固有传统，也是全球性植物交换的重要机制之一。种子交换是植物园收集和迁地保护不可或缺的手段，为植物园提供了与其他植物园和类似机构交流植物材料的独特渠道。应建立规范的种子收集与交换制度，在国际公约、国家法规范围内开展种子或其他植物材料交换。

（1）种子收集管理：①种子收集应实行植物园内管理责任制，非园区管理部门与其他任何人员在园区采集植物材料须取得正式许可；②种子采集时须保护实地景观，严禁损伤母树（母株）和破坏实地景观；③须建立种子收集信息和采种母树（母株）信息记录档案，完成种子登录和使用登记；④应采取适当措施避免采集杂交和遗传混杂的种子；⑤所有收集的种子优先用于园内繁殖育苗、技术研究或其他科研项目，同时须作种子标本备份、种子库保存和种子交换，富余种子可用于出售或育苗后出售；⑥出售种子或其种苗须填报审批表和履行审批程序。

（2）种子交换：①植物园应编印“种子交换名录”，并免费寄送给有合作关系或有材料需求的植物园；②“种子交换名录”应提供交换材料的拉丁学名，但通常不确保拉丁学名的正确性，应警示所有涉及人员谨慎选择“种子交换名录”所列种子或其他繁殖材料；③种子交换时应提供所列植物材料的记录信息，以及栽培种和杂交种等更广泛的信息记录；④当今“种子交换名录”应增加“材料转让协议”，界定提供者和接收者的权利；⑤接收方须提出正式申请并履行审批程序；⑥植物园间交换的植物材料和遗传资源的使用及其产生的任何效益，须服务和贡献于生物资源保护和可持续发展。

（3）种子交换原则：利用“种子交换名录”引进植物材料时，须遵守下列原则。①植物园植物引种的首选方式是野生来源的种子或其他植物材料，且直接从野外采集并有完整的野外引种记录；只有在不能获得野生来源的材料时，允许使用“种子交换名录”为展示、科普解说或教育引进特别需要的物种。②须密切监测通过“种子交换名录”获得的植物材料及其生长发育情况，避免引入遗传污染，避免产生入侵性和病虫害扩散。③植物园在制定“种子交换名录”时，须确保列入名录的植物是野外来源材料、有完整野外记录信息，须确保迁地栽培条件下不存在遗传污染和入侵性。④植物园应对编写“种子交换名录”负责，每 3 年更新“种子交换名录”。

3.3.8　病虫害防治和植物检疫

病虫害防治是植物园迁地保护的常规工作和重要环节，

植物园有责任确保迁地保护植物免遭病虫害侵害，确保迁地保护植物的健康。

（1）病虫害防治：植物园应开展全园性病虫害鉴定、监测、防治和预防预报工作，评估常见病虫害的危害程度，提出合理的防治方法，并妥善管理化学药剂的使用及其记录；应建立植物园病虫害发生、发展和综合治理方法等技术档案，定期预测预报疫情和更新疫情记录信息；一旦发现危害性病虫害，要及时提出病虫害治理方案，三天内完成首次喷药或其他治理，跟踪观察危害性病虫害控制情况和处理效果，确保园区内不发生超出容忍程度的疫情。

（2）植物检疫：植物园要开展进口植物材料的风险管理，采取预防措施防止杂草、害虫和病原体进入活植物收集栽培区并蔓延，进口植物材料及其附带材料均须隔离检疫，严防产生杂草和传播病虫害；只有完成检疫观察程序并检疫合格后，才能纳入植物园活植物收集登录和放行移栽、繁殖及开展后续定植管理等；应规范植物材料到达植物园时履行检疫程序，有责任维护、保存植物材料的检疫记录。

3.3.9 外来入侵物种监控

（1）制定和实施防止外来物种入侵的指导方针、行为准则和预防控制方法，建立外来入侵植物防控预警系统和解决方案，及时采用合理措施防止外来入侵物种的扩散和传播，实时记录、分享外来入侵植物的最新知识和信息。

（2）开展外来入侵物种研究，包括研究外来入侵物种的分类学鉴定、引入途径和传播途径、控制和栽培管理及危害风险防范，为外来入侵物种的确定、入侵等级划分和防控提供基础信息。

（3）分享入侵植物栽培、繁殖、扩散管理等经验信息，充分利用植物园拥有的引种驯化植物的理论和长期实践积累，特别是植物园收集栽培植物的生长、繁殖、传播及生理生化、遗传适应性等长期数据资料积累，为有效防控外来入侵植物提供科学基础。

（4）防止引种栽培植物因遗传逃逸污染周边的自然植被，避免活植物收集产生的种子或根茎逃逸和移植到周围成为入侵植物。同时，关注植物交叉授粉产生遗传混杂，形成自然杂交或其他形式的遗传污染及对本土物种产生威胁。杜绝已知会成为杂草或具遗传污染的植物进入专类园区和活植物收集圃。开展原生植被定期监测，一旦发现杂草或遗传污染，植物须立即从活植物收集中去除。

3.3.10　环境维护与园艺管理

植物园既是迁地保护、科学研究与园艺展示的重要场所，又是城市文明进步、环境美化、生态文明建设的重要窗口。

（1）复绿与植物覆盖：开展园区的裸地补植复绿与重要景观和重要植物基部覆盖，创建覆盖环，施用木屑和腐殖质双层覆盖；优化建筑物前景观与花坛的覆盖、灌木花坛与草坪剪边；灌木丛创建覆盖环及树叶覆盖；及时更新花坛植物与季节性观赏植物，做到无明显裸地或缺株，植株自然优美，阴生植物透光适度，绿篱、整型植株枝叶茂密，生长茂盛、开花繁盛。

（2）剪草与杂草控制：及时剪草，采用多种措施控制杂草，确保展示区范围无明显杂草或无杂草影响展示植物及其景观；草坪维护应保持基本无杂草，并根据需要补充播种；清除花坛和乔木周围覆盖区域的杂草，灌木丛与大树基部周围无自发性木本植株；及时清除园区恶性杂草。

（3）土壤修复与植物换盆：针对园区展示开放、迁地栽培和景观维护的长期需求，开展园区的植物土壤管理、修复与改良，适时对重要骨干景观植物、盆景与盆栽植物实施土壤改良与换盆，适时开展土壤 pH 测试与湿度监测；盆栽植物实时更换土壤，确保基质适合植物健康生长。

（4）修剪与树艺管理：开展园区植物修剪、灌木造型、乔木修枝与花坛植物种植更新及树艺管理。根据造型和结构需要，修剪乔木、灌木与藤本植物；及时修剪除去死亡、患病、折断、长势弱的枝干和植物基部萌生枝、徒长枝、暴风雨损坏枝等；及时开展树形结构培育及修剪管理，确保造型美观、树艺典雅。

3.3.11 园林设计与景观管理

在植物园的规划设计、景观营造和后期管理方面，应加强多学科工作者的协调合作，营造和维护植物园特色的园林景观，维护本地栖息地、展示本土植物，提升公众教育水平和满足游览体验需求。

（1）多学科综合协调及合作：植物园规划设计、园林景观建设和后期维护管理与优化提升是一项综合性工程，需要由以风景园林专业和植物科学专业为主的多学科工作者共同磋商协作。由植物科学工作者根据植物园的性质、任务、特点制定分类学收集和地理区域收集的范围、景观表达与专类园区的建设目标及植物类群的使用，确定基于活植物收集的科研项目、科学研究活动和公众教育；由园林规划及设计专业工作者根据园内地形、土壤、小气候等特点，围绕植物专类园区建设、游客服务和科普教育需求，布置特色景观展览区、科普教育游线及其相关园林要素，创造优美的园林景观。

（2）明确植物园的定位、使命与愿景：植物园的项目建议书、可行性研究报告、立项报告、总体规划及修建性详规、设计方案、实施方案及战略发展规划或其他专项发展规划等，均需与植物园的目标定位、使命任务和发展愿景一致，并制定与之协调的制度政策、工作流程、管理信息系统、管理规范和管理文件；建立和培养全过程管理实施团队，明确植物园植物收集与园林园艺展示、植物保护与科学研究、公众教育和科普旅游的关键及重点内容。充分研究和评估植物园土壤类型、水文条件、地形地貌、本土植被与栖息地、景观基础和历史人文条件，在规范植物园活植物收集、管理及服务的基础上，使植物园的规划设计、景观建设和营运维护协调统一。

（3）注重植物园自然环境保护与可持续发展：植物园的选址和后期维护管理，应符合城市整体规划，与城市公共交通体系衔接、交通便捷流畅；有较好的给水、排洪、排污等市政基础设施保障，自然水源充足、水质良好；维护地形地貌多样，保持土壤类型丰富、土质肥沃疏松、排水良好。植物园应具有一定规模的原生自然植被，注重历史人文古迹的保护和利用；避免周围环境污染、减少农药或无机肥料使用；鼓励收集、使用雨水资源和环保材料；持续开展基础设施维护、土壤改良，维护植物的生长发育、植被环境的自然进化过程和景观发展需求。

（4）营造和维护植物园特色的园林景观：在规划设计、景观营造和管理营运中，应整合植物园景观框架的空间规划，注重廊道景观的形态布局、主要建筑和园林结构及其与廊道景观的协调；注重关键枢纽景观、视觉标志和一级视线景观的组合、空间布局及其空间层次感与围合感，服务于特色景观区的设计、营建和维护；营造和维护植物专类园区、特征建筑物或构筑物及其系列二级视线景观，协调植物专类园区与景观特征带、视线景观及视觉区域的关系；保护利用并管理维护原生自然植被与历史人文古迹，协调和维护历史人文景观、关键枢纽景观、活植物收集及专类园区、科普教育项目和游览循环与解说，确定和落实植物园的预期景观目标、发展方向和使命任务，满足物种保育、园林园艺展示、公众教育与游览、维护管理和科学研究的需求。

（5）维护本地栖息地，注重保存展示本土植物：整合科学规划，注重植物专类园区及其布局与整体空间策略的关系，以植物分类学、植物区系地理学和系统进化为优先原则设立和营造植物专类园区；兼顾植物资源来源、受众来源与特点及区域历史文化，适当使用栽培观赏植物及其品种，营造适于季节变化、体现人文价值和服务于科普旅游功能的植物园园林景观展示与观赏线路；根据场地高低错落的地形和沟壑山势走向，营造包含、接近或恢复原生栖息地和局部节点景观，使原生栖息地在园林规划或景观框架中发挥作用，建立和维护与原生植被的联系或走廊；管理和展示本土植物及其实用性和观赏性，促进本土植物的自然进化过程，加强本土植物群落与生物多样性保护，以及本土植物与城市园林和生态文明建设的紧密结合。

（6）满足和提升公众教育与游览体验需求：整合旅游服务的商务规划和公众教育的传播规划，充分考虑公众教育与游览体验需求，制定与总体规划要素相结合的解说系统；策划和组织实施游客参与的特色科普活动和科学教育课程，引导公众认识当地原生栖息地和本土植物类群，解说植物学特性、园艺观赏价值、园林展示价值、自然保护价值与历史传承价值，注重专类植物区系地理和系统进化知识的传播；突出植物探索、科学研究、资源发掘对经济社会发展和人类文明的贡献，提升公众保护生物多样性的意识；将植物及其保护知识整合到植物园的整体解说规划和设计展示中，将植物园及相关信息与公众日常生活知识或个性体验密切关联，解说景观与展览展示信息的启示，最大限度地减少人与植物及其造景的距离，提升游客感官体验和人与自然的互动，利用各类媒体和传播渠道致力于植物园使命的传播。

3.4　植物信息记录与档案管理

植物园收集和迁地保护的活植物应有丰富的信息记录并

长期保存。活植物收集的信息记录和科学数据档案的质量与内容是确保植物材料现在、未来的科学价值及应用价值的基础，既是植物园收集植物科学意义和价值的载体，又有利于收集植物的高水平维护与管理。

3.4.1 信息记录标准

植物园应充分认识植物信息记录对于植物园活植物收集的重要性，以及对于活植物收集的使用、管理和研究利用的价值。植物园引种登录的任何植物材料，必须有足够的引种记录、登录信息和科学数据，并定期更新提升信息记录技术与信息保存效率，确保信息记录和历史档案的安全性。

（1）新引种植物的基本信息标准：引种植物的野外记录及其信息内容和质量很大程度上决定了活植物收集与迁地保护的价值与用途，其凭证标本还有助于持续支撑野外种子和其他材料的后续采集。植物园应尽可能获得以下野外引种记录数据，以便与凭证标本和植物材料一起纳入活植物收集信息系统：①来源；②材料类型；③种源；④采样方法；⑤采集者或考察队；⑥引种号；⑦引种时间；⑧引种国家；⑨引种地点（至最小行政单元）；⑩经纬度；⑪海拔；⑫栖息地；⑬伴生植物；⑭形态描述；⑮植株或采集地照片。须重视凭证标本的采集，以便用于补充引种记录信息和植物鉴定。

（2）迁地栽培植物的基本登录信息标准：应定期检查和监测植物园的栽培植物，一般每年随机清查，每 3 年清查一次木本植物，且应保持以下栽培植物的基本信息标准。①现有种植地；②植株数量；③生长健康状况；④记录更新日期；⑤记录人及部门。及时对数据库的活植物进行更全面的记录更新。

（3）材料来源：指提供引种材料的机构或个人的名称和地址，一般包括植物园自己组织的野外考察、其他机构组织的野外考察、个人收藏、种子交换名录、多种来源的苗圃等。野外考察通常是在特定地区或对特定研究类群的植物收集，也可以是多次重复并持续相当长时期的考察。植物园活植物收集的来源应以野生来源或已知野生来源的植物材料为主。

（4）材料类型：也称为繁殖体，用于栽培繁殖及迁地保护，包括种子、花粉、植株、幼苗、插条、鳞茎、球茎等，从种子到种子是引种驯化的基本原则，野外引种时以种子、植物营养器官等为主。

（5）种源信息：即该植物材料的来源，也称为地理种源。主要分为以下几种情况：直接从野外采集（W）；采自已知野生来源的栽培植株（Z），包括购买和获赠的已知野生来源的栽培植株；采集自未知野生来源的栽培植株（G），包括购买和获赠的未知野生来源的栽培植株；来源不确定（U）。

（6）采样方法：采样方法是引种收集植物材料遗传变异性的信息记录。引种采集时须在采集记录表中注明，登录时须标注。包括以下类型：同一植株的种子/花粉（SO），多于一株植物的种子（SM），同一植株的枝条（VO），多于一株植物的枝条（VM），同一种群的苗（SAO），多于一个种群的幼苗（SAM），采样方法未知（XX）。

3.4.2 登录号配给原则

登录是将植物栽培和迁地保护于植物园，植物一旦在植物园登录，须维持其基本信息记录。登录号是植物园活植物收集和迁地保护物种的身份识别标识。一个登录号可指一株（批）植株、一包种子、一批枝条和其他相关的植物材料。

（1）每个登录号仅用于标识相同的分类群、相同的材料类型、相同的来源、相同时间采集的一群植株或植物材料。对于野外采集的植物材料，单个登录号应是所有相同繁殖体或材料类型，并且是同一采集者在同一时间和同一地点采集的。

（2）登录号是唯一的，同一登录号不能重复使用、转让或假定。须注销不确定的登录号。

（3）登录号须保持一致的格式，一般由 8 位数构成，前 4 位数代表登录的年份，后 4 位数字代表同一年引种植物材料的连续编号；备用材料登录号使用英文字母 AM（auxiliary material）加 6 位数阿拉伯数字序列号。

（4）只有赋予登录号的植物才能纳入植物园活植物迁地保护收集。

（5）对于已纳入活植物收集范围而不能确定其准确登录号者，须重新给予 XX 系列号。植物园及其专类园区任何花境植物，包括行道树和花坛植物，既要列出所有植物名录，又要给予已纳入活植物收集而未有登录号的植物 XX 系列号。

3.4.3 重新登录规范

重新登录是在某一时期给予一批已登录植物一个新的登录号，包括以下 4 种情况：①已登录植物的营养繁殖后代；②已登录的有性繁殖后代，包括在种质库中保存的种子和孢子及收集植物和播种后的后代；③登录时与其他登录植物混杂在一起，后经观察、鉴定、查证并不是原来登录的植物；④登录号丢失，且其登录号已不能从现有记录准确核定的植物材料。

（1）重新登录的登录号配给也遵从“登录号配给原则”。

（2）从现有登录植物取材插条、嫁接和压条时一般不给予新的登录号。但对于具有保护价值和用于育种等科研项目的植物材料，由于需要准确跟踪其谱系和繁殖历史，则应配给新的登录号。如果繁殖仅为亲本植物克隆，如多年生草本植物分株，或仅用于展示的多年生植物或盆栽植物分盆、一年生植物种子重复播种，则不配给新的登录号，而使用“登录限定号”。

（3）所有采集于本植物园已登录植物的种子在播种时必须配给新的登录号；使用原来引进贮藏的一批种子或孢子萌发时，须配给新的登录号。

（4）登录标牌被盗或脱落，或从未给予过登录号，可恢复其登录号。

3.4.4 注销移除制度

注销移除是从植物园移除植物记录的过程，而不是去除植物的实际过程。植物注销移除可能会引起一些争议或难于把握，因此需要履行一定的审批程序，须确认移除和注销的理由。

（1）注销移除：①植物死亡，植物与其环境不适致使其生长、长势极差且已不可挽救；②有长势更好的植物替代现有植物；③不符合收集目标，且已失去研究、展示和观赏价值；④该植物的身份资料或可靠性信息已彻底丢失；⑤潜在入侵植物；⑥对游客有危害的植物；⑦非必需的复份植物。

（2）注销转移：①采集注销植物的信息，如照片、最终的查证、腊叶标本和 DNA 样品，须以适当的表格记录信息并更新于植物信息记录系统的数据库；②可将要注销的植物提供给其他有需求的植物园；③如果没有植物园愿意接收，则送回原产国；④如果任何植物园或原产国都不愿意接收，而且不在 IUCN 红色名录中，则将其除去；⑤如属于 IUCN 红色名录植物，没有接收单位，且少于 5 个植物园有种植，则暂时保留。

3.4.5 登录限定号规范

登录限定号用于记录和跟踪一个登录号所包含的所有植株、枝条等，以及种子、孢子等种质的身份标识，对于植物完成繁殖后移栽定植到活植物收集的专类园区是非常重要的，也是跟踪植物繁殖历史和同一登录号的植物用于科学研究所必需的，是迁地保护植物的科学性规范之一。中国植物园联盟活植物管理系统采用全园唯一系列号方式。

（1）登录限定号是在登录号后紧跟英文字母，用于记录一个登录号内的一群植物或植株个体。一个登录号的一个限定号有时指一株或数目有限的一些植物，有时是指一群植物。

（2）同一登录号的植株种植于不同专类园区，或种植于同一专类园区的不同区域，应配给不同、唯一的限定号。登录限定号数量在 26 个以内时，用单个英文字母；多于 26 个时，用两个英文字母的组合，如 AA、AB、AC、BA、BB、BC 等。英文字母按字母顺序配给，紧跟植物登录号之后，数据库和其他纸质记录材料须同步记录相关信息。

（3）如果一群植物种植于道路两侧，而该道路是两个专类园区的分界线，则至少给予两个登录限定号将其区分。

（4）单株限定号：如果一个登录号中仅一株植物种植于一个专类园区或其某个区域，则这株植物的限定号自动成为该植物的单株限定号。

（5）群体限定号：如果超过一株群植在一个区域，则一个限定号应用于这群植株，植株个体的数量或“成群”（mass）应记录于数据库和纸质记录本中。对于新种植而后来将生长为“一群”者，种植时的数量要如实记录，后面清查成群时，再更新数量为“成群”。

（6）群体植株分株：如果从一群植株中移植一些植株到另一区域种植，则移除的植株须给予一个新的限定号，标识移除的个体或植株群体。只有当整丛（群）植株全部搬迁到新区域种植时，限定号才保持不变。在同一物种同一登录号的两个不同位置分离的丛（群）间移植调整植株数量时，只更新植株数量而不更改限定号。

3.4.6 活植物定植信息记录

植物位置信息、植株数量和健康状况是活植物收集与迁地保护必须记录的活植物的基本信息标准。

（1）植物的位置：①植物园展示保育园区应细分为网格系统（grid system）并给予不同的位置代码，记录活植物的具体位置；②新种植的植物应按种植苗圃苗床放置盆栽苗的网格系统位置，记录其具体位置、种植日期和种植植株数量，并录入活植物位置管理数据库；③将保育苗圃的植物定植到有关专类园区，或由于观赏展示和保育的需要将植物从一个位置移植到另一区域时，需要尽快更新移栽定植植物的位置信息，应在现有记录中增加新的记录行，并录入新的位置和其他相关信息。

（2）植株的数量：植株数量有三种情况，即除“0”以外的具体数字、一群和保持空白（具体数字未知）。①木本植物直接记录具体数量；②新栽培定植的多年生草本植物，通常植株数量较多，或在后来会形成一群植株，则在其他信息并未改变的情况下，在“植株数量”字段更新为“一群”，并注明清查日期；③盆栽植物应记录盆的数量，可以不计算盆内植株数量；④“群植”（mass planting）用于难确定植株数量的情况，如一年生、球茎和地被种植植物；⑤如果植株数量未知，则暂时保留空白，不应试图猜测，实际的具体数量或“群植”可留待后来清查时补充记录。

（3）植物的健康状况：植物健康状况记录下述 4 类。

①存活（alive），常用于新种植的植物，进一步评价植物种植期间或迁地保护栽培阶段的健康状况时，可划分为优（excellent，E）、良（good，G）、一般（fair，F）、难以判断（indistinguishable，I）、较差（poor，P）、有问题（questionable，Q）；②已死亡（dead，D），用于记录已经死亡的植物，如某植物标记为 D，则不可再被记录在该区域或专类园区的植物名录中，且死亡原因应录入该植物的记录中；③已移除（removed），只用于已从植物园的一个园区移除且不再种植在植物园的任何区域或位置，如因鉴定查证移走而后来并未还回；④下落不明（unlocated），仅用于全面清查时找不到的植物，这并不意味着这种植物已经死亡，如果后来在相同位置又发现了该植物，则必须更新记录并将“健康状况”更改为“A”或其他健康代码。

3.4.7 储存种质的信息规范

植物园应建设、维护活植物材料的储存设施，保存种子、果实、孢子、花粉、DNA、冷冻组织和组织培养材料等不同类型的活植物材料，与活植物收集共同构成植物园迁地保护的活植物种质。植物园储存种质的记录必须尽可能准确并长期维护。种质记录信息应包括：①种质类型，种子、孢子、DNA、花粉、组织培养材料等；②登录号和限定号；③种质供体的植物名称；④种源类型；⑤采样方法；⑥种质储存地点；⑦种质储存数量（需要时可估计）；⑧储存日期；⑨储存种质处理方式。

3.4.8 迁地保护评价与栽培植物编目

开展迁地保护评价和编制栽培植物名录对于开展活植物收集、迁地保护管理和植物信息档案保存至关重要，是评价植物园迁地保护植物现状、实现生物多样性保护和迁地保护目标的重要举措。植物园应不断提升栽培植物编目的质量，必要时需印刷特定主题的迁地保护植物名录，包含比常规名录更详细的信息，或特定地区或特定类群的迁地保护名录。

植物园应遵循如下栽培植物编目与信息发布制度：①一般每 5 年应印刷一次活植物收集名录，及时发布活植物收集信息，供植物园间引种收集和迁地保护有关工作参考，为加强与植物园同行间的交流提供基本信息；②植物园活植物收集信息的发布，可采用光碟版、多媒体等电子版；③应通过互联网在线发布活植物收集与迁地保护植物名录，但应设立访问权限防止敏感信息泄露；④引进新技术提高信息的记录效率，系统定位活植物，包括活植物远程更新技术、活植物快速清查技术、数字化树木风险和危害评估，以及替代或更新植物登录标牌和植物名牌等方法。

3.4.9 挂牌与解说

挂牌是植物园活植物收集记录和解说的重要组成部分，标牌是连接活植物收集中的植物及其所有记录信息的关键，是向公众传播信息的主要方式之一，标牌对于活植物收集的管理和应用至关重要。

（1）登录牌：包含登录号、植物名、科名、种源和登录日期等信息，是用于永久种植前的植物标识。所有登录植物都应悬挂登录牌。每个新样本应该有一个识别标签，以追溯其起源和去向。

（2）植物名牌：包含植物科名、植物种名、登录号及其后置限定符（登录限定号）、种源信息（来源）、原产地（自然分布范围）、查证状态、种植区域或亚区（如专类园区编号）、后置限定号、特别编码（如 T-濒危、V-查证、W-野生来源）等信息。公共展示区宜用雕刻标牌。

（3）备份标牌：包含登录号、登录限定号和植物种名等基本信息。仅在植物名牌丢失时用作备份，也通常用于新引进的植物和部分园区新种植的植物。

（4）临时标签：以不同的颜色与其他类型的标牌相区别。用于植物获得植物名牌或备份标牌前的标识，或临时用于植物送去审查鉴定或植物学研究时。内容包括登录号、后置限定号和植物名等基本信息。繁殖标签亦归于此类，至少包括学名、登录号。

（5）解说牌：分为特殊植物说明牌、生物现象说明牌、知识点解说牌、景点（文物、建筑）介绍牌等，字数为 250 字左右，须包含植物名、登录号、来源、用途、原产地、科学知识和公众科普等信息。

（6）挂牌规范：①登录牌材质为铝材、不锈钢等；②乔木挂牌高度为 1.6m，灌木挂牌高度为 1m 或离地 20～30cm，草本植物的挂牌高度为 1m 或离地 20～30cm，水生植物的挂牌高度需伸出水面 20～30cm，附生植物挂牌于所附生的植物表面，高度根据附生植物的高度而定；③植物名牌一般用黄色、绿色或黑色，濒危物种用红色（须注明濒危等级）；④道路（含游览步道）两旁 5m 范围内的所有展示植物都应有植物名牌；⑤解说牌设置于道路（含游览步道）两旁 2m 范围内，解说重要展示植物、生物现象、知识点和景点（文物、建筑）。

3.4.10 凭证信息采集与记录管理

植物园应开展迁地栽培植物信息的采集，注重信息及记录安全，建立和完善活植物信息管理系统及其服务功能。

（1）凭证信息采集范围：①野生来源的每种活植物应制作腊叶标本（包括保育苗圃幼苗的凭证标本）；②记录新引进植物材料的首次开花或结果时间；③拍摄和保存每株野生来源的登录号照片，确保与历史记录对应链接；④从每株野生来源的登录号植株提取 DNA；⑤保育历史说明记录；⑥其他数据/信息等，如关于抗寒性或园林观赏性等园艺或栽培记录。

（2）活植物信息管理系统：①建立植物园活植物信息管理平台，实现活植物及其信息管理、迁地保护任务管理与植物园管理的整合；②推进移动终端数据采集，以及定植标牌、科普标牌与科普网站的在线自动生成；③推进物候观测与信息采集便捷化和可视化，自动生成活植物定植图、“植物园栽培植物名录”和“受威胁植物名录”及其分级，自动生成迁地保护植物的野生种源分析、种源信息分析，以及各植物园物种数信息统计与重复物种剔除，最终实现活植物信息的自动化和智能化管理。

3.5 植物收集的使用与管理

活植物收集是人类自然遗产的组成部分，是重要的国家资产和国际规范的博物收集之一，已广泛应用于科学研究、植物保护、公众教育和经济社会发展。在完善植物收集制度时，要规范使用者与利益相关者对植物收集的需求和使用规范。

3.5.1 活植物收集的使用

植物园致力于最高标准的植物科学规范。信息记录与科学数据收集，对科学研究、公众教育与教学、生态文明建设与经济社会发展具有重要意义。

（1）支持科学研究：植物园活植物收集支持分类学、系统植物学、园艺学、气候与环境变化和生物多样性保护等科学研究，提供资源信息、植物材料，以及基于活植物收集的照片、凭证标本、DNA 和种子材料。

（2）支持公众教育和教学：植物园是重要的旅游景区，开展基于活植物收集的公众教育活动及课程，选择新的和现有的植物种植进行解说，最大可能地使游客使用适宜的媒体，改善游客体验，是植物园的使命任务和服务目标的体现。

（3）支持生态文明建设与经济社会发展：植物园在遵循多种收集类型的条件下，将一些区域营造为漂亮的园艺展示，提高景观艺术标准，提升公共基础设施或园林景观与植物收集的维护水平，完善和提升解说水平；筛选、繁殖和推广可持续利用的植物资源，支持公共绿地、生态文明建设与经济社会发展。

3.5.2 禁止采集、交换或销售的植物材料

植物园禁止采集、交换或销售以下情况的种子和苗木：新引种植物、受威胁植物、数量少于 20 株的稀有物种、重要骨干景观植物、专类园区的主要物种及大树、列为新品种研发和重点发展的植物、科研项目植物、保育苗圃的保育植物、展览温室展示植物、国内外条约和公约限定的植物。

3.5.3 活植物材料使用的限制

使用植物园活植物收集材料，应遵守下述限制条件。

（1）须遵守 CBD、CITES 等国际国内法规、制度、条约和公约，所取材料仅用于研究、教育、保护和植物园发展，不得用于商业用途；如果接收者试图商业化，其直接产品或源于所取材料的产品须获得植物园书面许可；商业运作前，须与植物园签署额外的协议。

（2）依照《生物多样性公约》，在没有得到材料来源国家的允许和植物园书面许可时，所取材料及其产品或源于所取材料的产品不得转让给第三方进行商业运作。

（3）使用所取材料产生的任何出版物，应在出版物中致谢提供材料的植物园，或在一定情况下与植物园合作发表成果；从所取材料产生的任何出版物、报告或分析数据须提供复印件和电子文本交所取材料植物园的植物信息管理部门

存档。

（4）出于科学研究目的需要采集制作凭证标本时，须视活植物材料决定是否采集凭证标本，且凭证标本须保存在植物园标本馆，使用者须在植物园标本馆办理借阅手续取用；引用凭证标本时，须引用植物园采集人和采集号。

（5）用于植物化学和分子生物学研究时，每份植物化学提取试样和每份 DNA 采样的等份提取试样应送回到植物园备份保存。

（6）植物园保留拒绝提供任何遗传资源材料的权利，且无须给予任何解释；植物园不为所取材料的查证准确性提供保证。

4　中国植物园绩效评价体系

参考国际现代植物园的现状与发展趋势，立足于建立符合中国国情和面向21世纪的中国植物园管理运行系统，我国植物园绩效评价体系包括3个一级界定性指标、19个二级管理性指标和60个三级绩效指标，其中一级界定性指标规定了我国植物园必须具备的活植物收集与迁地保护管理、科普开放与公众教育、科学研究等界定性工作内容，19个二级管理性指标界定了我国植物园应开展的主要管理工作内容，60个三级绩效指标是衡量我国植物园在活植物收集与迁地保护管理、科普开放与公众教育、科学研究及植物资源可持续发展等工作成效方面的评价指标。

4.1　活植物收集与迁地保护管理

4.1.1　植物引种收集

（1）新引种植物登录数：评定近3年年均新引种植物登录数，分为五级：600号、800号、1000号、1200号和1400号，分别赋分1～5分；＞1400号，每增加200号加1分。

（2）新引种植物野生来源分类群登录数：评定近3年新引种的已知野生来源分类群登录数，包括直接采自野外（W）

和采自已知野生来源的栽培植株（Z）的分类群，分为五级：200 号、400 号、600 号、800 号、1000 号，分别赋分 1～5 分；＞1000 号，每增加 200 号加 1 分。

（3）新引种植物凭证标本数：评定近 3 年新引种植物凭证标本数，分为五级：600 份、800 份、1000 份、1200 份和 1400 份，分别赋分 1～5 分；＞1400 份，每新增 200 份加 1 分。

（4）活植物登录数：指纳入永久性收集的活植物总登录数。评定近 3 年活植物的总登录数，分为五级：4000 号、8000 号、12 000 号、16 000 号、20 000 号，分别赋分 1～5 分；＞20 000 号，每新增 4000 号加 1 分。

（5）迁地保护物种数：指迁地保护活植物物种数。评定近 3 年活植物收集的总物种数，分为五级：3000 种、5000 种、7000 种、9000 种、11 000 种，分别赋分 1～5 分；＞11 000 种，每增加 1000 种加 1 分。

（6）迁地保护分类群数：指迁地保护活植物分类群数量。评定近 3 年活植物分类群数量，包括种、亚种、变种和变型等种下分类单元，分为五级：3000 种、5000 种、7000 种、9000 种、11 000 种，分别赋分 1～5 分；＞11 000 种，每新增 2000 种加 1 分。

（7）迁地保护植物野生来源比例：指野生来源的活植物分类群比例，包括直接采自野外（W）和采自已知野生来源的栽培植株（Z）的登录数的比例。评定迁地保护植物中已知野生来源登录数占活植物收集登录总数的百分比（%），分为五级：10%、20%、30%、40%、50%，分别赋分 1～

5 分；＞50%，每增加 5%加 1 分。

（8）迁地保护植物凭证标本数：指采集和保存基于活植物收集的迁地栽培植物标本数量。评定迁地栽培植物凭证标本的数量，分为五级：1000 份、3000 份、5000 份、7000 份和 9000 份，分别赋分 1～5 分；＞9000 份，每增加 2000 份加 1 分。

（9）迁地保护植物特征图片数：指采集和保存基于活植物收集的迁地栽培植物特征图片数，特征图片包括根、茎、叶、花、果实、种子及物候等。评定具特征图片的活植物物种数量，分为五级：300 种、500 种、700 种、900 种、1100 种，分别赋分 1～5 分；＞1100 种，每增加 100 种加 1 分。

4.1.2 植物多样性保护

（1）中国本土植物：评定迁地保护的中国本土植物分类群数量，分为五级：1000 种、2000 种、3000 种、4000 种和 5000 种，分别赋分 1～5 分；＞5000 种，每增加 1000 种加 1 分。

（2）中国特有植物：评定迁地保护的中国特有植物分类群数量，分为五级：200 种、300 种、400 种、500 种和 600 种，分别赋分 1～5 分；＞600 种，每增加 100 种加 1 分。

（3）特殊生境植物：指代表性生境和生态脆弱生境的植物。评定迁地保护的特殊生境植物分类群数量，分为五级：100 种、200 种、300 种、400 种和 500 种，分别赋分 1～5 分；＞500 种，每增加 100 种加 1 分。

（4）珍稀濒危和受威胁植物：评定迁地保护珍稀濒危植物、受威胁植物、IUCN 红色名录及极小种群植物物种数，不得少于 50 种，分为五级：50 种、100 种、200 种、300 种和 400 种，分别赋分 1～5 分；>400 种，每增加 10 种加 1 分。

（5）药用植物：评定迁地保护药用植物物种数，分为五级：200 种、400 种、600 种、800 种和 1000 种，分别赋分 1～5 分；>1000 种，每增加 200 种加 1 分。

（6）经济植物：指香料植物、农作物野生近缘种和其他具潜在应用价值的植物。评定迁地保护经济植物物种数量，分为五级：200 种、400 种、600 种、800 种、1000 种，分别赋分 1～5 分；>1000 种，每增加 200 种加 1 分。

4.1.3 特定植物专类收集

（1）植物专类园区数：指具有科学依据的专科专属专类植物收集及其专类园区，包括不同类型的活植物收集及其专类园区，如科级或属级分类群收集、地理收集、栖息地收集、区域性收集和应用收集。评定专类园区数量，分为五级：3 个、5 个、10 个、15 个、20 个，分别赋分 1～5 分；>20 个，每增加 1 个加 1 分。

（2）国家级专类收集：指国家级资源圃或国家级专类植物收集。评定国家级活植物收集园区数或国家级资源圃数，每 1 个赋分 5 分。

（3）馆藏标本：评定馆藏标本数量，分为五级：10 万份、20 万份、30 万份、40 万份和 50 万份，分别赋分 1～5 分；

＞50 万份，每增加 10 万份加 1 分，最多加 5 分。

（4）模式标本：包括主模式标本、等模式标本、副模式标本、合模式标本、后选模式标本、新模式标本和附加模式标本。评定模式标本数量，分为五级：100 份、200 份、300 份、400 份和 500 份，分别赋分 1～5 分；＞500 份，每增加 100 份加 1 分。

（5）种子收集保存：评定保存种子登录数和种子标本登录数，分为五级：100 号、200 号、300 号、400 号和 500 号，分别赋分 1～5 分；＞500 号，每增加 100 号加 1 分。

（6）种质资源保存：包括孢子、花粉、DNA 样品、化学提取物、冷冻保存和组织培养材料等。评定种质收集保存登录数，分为五级：100 号、200 号、300 号、400 号和 500 号，分别赋分 1～5 分；＞500 号，每增加 100 号加 1 分。

4.1.4 活植物鉴定查证

鉴定查证是指迁地栽培和保育活植物的鉴定查证，包括现有植物名称的确认与订正、未定名植物的鉴定，以及根据国际植物命名法规和栽培植物命名法规对有效名称的确认或订正。评定鉴定查证植物分类群的百分比（%），分为五级：10%、20%、30%、40%、50%，分别赋分 1～5 分；＞50%，每增加 10%加 1 分。

4.1.5 植物物候观测

（1）常规物候观测项目：评定每年常规物候观测的物种

数量，分为五级：50 种、100 种、150 种、200 种、250 种，分别赋分 1～5 分；＞250 种，每增加 50 种加 1 分。

（2）长期物候观测项目：指植物园保存植物的长期物候观测，包括科学问题导向的物候观测项目。评定长期物候观测分类群数，每 1 种赋分 5 分，每增加 1 种加 5 分。

4.1.6 植物迁地保护设施

（1）种子库或繁殖实验室：评定种子库或繁殖实验室的面积（m^2），分为五级：$20m^2$、$40m^2$、$60m^2$、$80m^2$ 和 $100m^2$，分别赋分 1～5 分；＞$100m^2$，每增加 $20m^2$ 加 1 分，最多加 5 分。

（2）保育温室和保育苗圃：评定保育温室和保育苗圃面积（m^2），不低于 $1000m^2$，分为五级：$1000m^2$、$3000m^2$、$5000m^2$、$7000m^2$ 和 $9000m^2$，分别赋分 1～5 分；＞$9000m^2$，每增加 $2000m^2$ 加 1 分，最多加 5 分。

（3）组培和微繁设施：评定组培和微繁设施面积（m^2），分为五级：$200m^2$、$300m^2$、$400m^2$、$500m^2$ 和 $600m^2$，分别赋分 1～5 分；＞$600m^2$，每增加 $100m^2$ 加 1 分，最多加 5 分。

4.1.7 植物检疫与病虫害防治

建立植物检疫与病虫害防治制度，有效监测迁地栽培植物病虫害及其防治。评定近 5 年检疫植物与病虫害防治的迁地栽培活植物分类群数量，分为五级：10 种、20 种、30

种、40 种和 50 种，分别赋分 1～5 分；>50 种，每增加 10 种加 1 分。

4.1.8 植物材料交换及应用

（1）植物材料交换：指提供种子交换或其他植物材料交换服务，包括通过“种子交换名录”“迁地栽培植物名录”或其他形式。评定近 5 年与其他植物园或其他机构交换种子和其他活植物材料的分类群数量，分为五级：10 种、20 种、30 种、40 种和 50 种，分别赋分 1～5 分；>50 种，每增加 10 种加 1 分。

（2）植物标本交换：指与其他植物园和研究机构开展植物标本交换服务。评定交换的标本数量，分为五级：10 种、15 种、20 种、25 种和 30 种，分别赋分 1～5 分；>30 种，每增加 10 种加 1 分。

（3）提供研究或保护材料：指为研究和保护机构及其项目提供活植物收集材料。评定近 3 年为研究和保护项目提供的分类群数量，分为五级：10 种、15 种、20 种、25 种和 30 种，分别赋分 1～5 分；>30 种，每增加 5 种加 1 分。

（4）促进基于活植物收集的绿化应用：评定推广应用基于活植物收集的绿化物种数，分为五级：10 种、20 种、30 种、40 种和 50 种，分别赋分 1～5 分；>50 种，每增加 10 种加 1 分。

4.2 科普开放与公众教育

4.2.1 科普解说系统

（1）植物名牌：评定重要主题游览线路和专类园区游线上重要植物名牌的比例，分为五级：10%、20%、30%、40%和 50%，分别赋分 1～5 分；＞50%，每增加 10%加 1 分。

（2）解说牌：指公众解说和专业知识传播，主要包括重要植物、生物现象、历史文化景观、自然景点及热点科学知识。评定园区重要主题游览线路和专类园区游线上解说牌的比例，分为五级：10%、20%、30%、40%、50%，分别赋分 1～5 分；＞50%，每增加 10%加 1 分。

（3）专类园区介绍牌：包括专类植物收集及其园区的解说。评定专类植物收集及其园区介绍牌的数量，分为五级：10 个、15 个、20 个、25 个和 30 个，分别赋分 1～5 分；＞30 个，每增加 5 个加 1 分。

（4）科普橱窗：指在园区关键节点设置的科普橱窗。评定园区科普橱窗的数量，分为五级：5 个、10 个、15 个、20 个和 25 个，分别赋分 1～5 分；＞25 个，每增加 5 个加 1 分。

（5）移动解说牌：指在植物园主入口和园区重要场地设置的移动解说牌，及时传播花讯、科普活动和教育课程的最新资讯。评定移动解说牌的数量，分为五级：10 个、20 个、30 个、40 个和 50 个，分别赋分 1～5 分；＞50 个，每增加

10 个加 1 分。

4.2.2 环境教育活动和自然教育课程

（1）专题植物展览及花展：指节庆花展和基于活植物收集的适时/应季专题展览。评定近 3 年年均节庆花展和专题花展的次数，每 1 次赋分 3 分；＞1 次，每增加 1 次加 3 分。

（2）环境教育活动：指专题展览、讲座和公众教育活动等。评定近 5 年参加环境教育活动的年均场次，分为五级：30 场、60 场、90 场、120 场、150 场，分别赋分 1～5 分；＞150 场，每增加 30 场加 1 分。

（3）自然教育课程：指基于植物收集及专类园区开展的自然教育课程的场次。评定近 5 年参与自然教育课程的年均场次，分为五级：20 场、40 场、60 场、80 场、100 场，分别赋分 1～5 分；＞100 场，每增加 20 场加 1 分。

4.2.3 科学教育和园艺技能培训

（1）科学教育培训：指面向学校、自然教育从业者等举办的科学教育、自然教育和环境教育培训。评定近 5 年科学教育培训的场次，分为五级：10 场、15 场、20 场、25 场和 30 场，分别赋分 1～5 分；＞30 场，每增加 5 场加 1 分。

（2）园艺技能培训：评定近 5 年引种、保育和园林园艺培训的场次，分为五级：10 场、15 场、20 场、25 场和 30 场，分别赋分 1～5 分；＞30 场，每增加 5 场加 1 分。

4.2.4 媒体传播与信息宣传

信息发布数量：指通过中英文网站、官方微博、微信或其他网络媒体和社交媒体等渠道，以及依托官方网站及国际国内植物园网络平台、纸质媒体、广播电视媒体和新媒体的宣传报道，发布活植物收集及其展示、教育、保护和培训的信息的数量。评定近 5 年植物保护、园艺专题报道及新闻宣传的年平均次数或年发布文章平均数，分为五级：30、50、70、90 和 110，分别赋分 1～5 分；＞110，每增加 20 加 1 分。

4.2.5 志愿项目和志愿者服务

志愿者服务：指引种收集与物种保育、园林园艺管理和科普教育及园区导游等志愿服务。评定近 5 年年均参与志愿服务的人数，分为五级：60 人次、90 人次、120 人次、150 人次和 180 人次，分别赋分 1～5 分；＞180 人次，每增加 30 人次加 1 分。

4.2.6 接待游客规模

（1）游客数量：评定近 5 年年均游客数量（万人次），分为五级：10 万人次、20 万人次、30 万人次、40 万人次和 50 万人次，分别赋分 1～5 分；＞50 万人次，每增加 10 万人次加 1 分。

（2）青少年数量：评定近 5 年年均青少年入园接受科普教育的数量（万人次），分为五级：4 万人次、8 万人次、

12 万人次、16 万人次和 20 万人次，分别赋分 1～5 分；>20 万人次，每增加 4 万人次加 1 分。

4.3 科学研究

4.3.1 相关著作的编研

（1）学术专著：指基于活植物收集的专科、专属、专类等著作的编研和出版。评定近 3 年相关著作的数量，每 1 部著作赋分 5 分。

（2）科普图书：评定近 3 年出版的基于活植物收集的科普图书的数量，每 1 部著作赋分 3 分。

4.3.2 分类学研究

（1）发表论文数量：评定近 3 年利用标本馆和活植物收集开展分类学研究所发表的论文数量，其中国内核心期刊论文每篇 2 分，SCI 论文每篇 3 分、Top30%及以上论文每篇 5 分。

（2）发表新物种数量：发表新物种包括正式发表的新组合、新异名。评定近 3 年发表新物种（含新组合和新异名）的数量，每个新物种（含新组合和新异名）赋分 1 分，不得与上一绩效重复计算。

4.3.3 参与保护和保护生物学项目

（1）保护生物学研究：指参与保护和保护生物学项目及

其研究，包括就地保护、迁地保护、野外回归及栖息地恢复和重建。评定近 3 年参与保护和保护生物学研究所发表论文的数量，其中国内核心期刊论文每篇 1 分，SCI 论文每篇 3 分、Top30%及以上论文每篇 5 分。

（2）野外回归与栖息地恢复研究：指开展受威胁植物的野外回归和栖息地恢复。评定近 3 年野外回归与栖息地恢复项目及物种回归数量、栖息地恢复数量和论文发表数量，其中每成功实现野外回归植物 1 种赋分 5 分，每成功实现 1 处栖息地恢复赋分 5 分，发表国内核心期刊论文每篇 1 分，SCI 论文每篇 3 分、Top30%及以上论文每篇 5 分。

（3）遗传多样性保护研究：指开展受威胁植物遗传多样性迁地保护、实施种群采样的成效。评定近 3 年遗传多样性保护物种数量及其发表论文数量，其中每保护 1 种植物赋分 5 分，发表国内核心期刊论文每篇 1 分，SCI 论文每篇 3 分、Top30%及以上论文每篇 5 分。

（4）研究监测外来植物：评定近 5 年对外来物种、逃逸与入侵物种的研究和监测，开展研究和监测防治措施后，未发现外来入侵物种及其扩散，赋分 5 分，或每有效监控 1 种外来入侵植物，赋分 1 分。

4.3.4 引种驯化研究

（1）资源植物研究：指民族植物、药用植物和芳香植物等其他经济植物的研究。评定近 3 年资源植物研究发表的论文数量，其中国内核心期刊论文每篇 2 分，SCI 论文每篇 3

分、Top30%及以上论文每篇 5 分。

（2）繁殖技术研究：指开展活植物收集的繁殖技术研究，包括种子繁殖、扦插繁殖、嫁接繁殖和组织培养。评定近 3 年繁殖技术研究发表的论文数量，其中国内核心期刊论文每篇 2 分，SCI 论文每篇 3 分、Top30%及以上论文每篇 5 分。

4.3.5 植物资源发掘利用

（1）国家级或国际保护新品种及专利：指国际授权植物专利或国际授权保护新品种、国家授权保护新品种的培育情况。评定近 3 年国际授权植物专利或国际授权新品种、国家授权保护的植物新品种数量，每个新品种或专利赋分 5 分。

（2）省部级专利及新品种：指省部级植物专利与新品种培育。评定近 3 年省部级审定通过的植物专利或授权的新品种数量，每个省部级专利及新品种赋分 1 分。

（3）国际登录新品种：评定国际登录新品种数量，每个新品种赋分 2 分。

（4）专利与新品种应用转化：指开展植物专利与新品种应用转化，或基于活植物收集开展功能食品和保健品研发。评定近 3 年推广应用的植物专利和新品种数量、开发功能食品或保健品的数量，每推广一个专利或新品种或功能食品或保健品赋分 5 分。

5 中国植物园认证

中国植物园标准体系旨在制定和提供植物园界广泛认可的行业标准，对我国植物园当前的工作方向和工作绩效做出专业性质量导向评估，引导我国植物园的规划、建设和发展。中国植物园认证分为界定性认证、类型认证和绩效认证。植物园认证的基础是自评，同时提供植物园认证需要的绩效证明文件，包括活植物收集与迁地保护管理、科普开放与公众教育及科学研究成果。认证评估专家组根据绩效评价与认证体系对申请认证的植物园进行现场评审和凭证文件的综合评估，综合确定认证结果。

5.1 植物园界定性认证

界定性认证的目的是确认植物园的构成因素，评价植物园履行植物引种收集、植物保护、科学研究、园艺开发、科普展示、教育宣传等一系列职能的状况，尤其是活植物收集与迁地保护的基本情况（Heywood and Richardson，2018）。尽管并不是每个植物园都承担所有的职能，但任何植物园应满足其中某些必备条件才能被认可为具有并履行其植物园职能。中国植物园认证以中国植物园界定性评价表（附录 1）为前提，其中永存性是其基础属性，是植物园履行其功能和开展各项活动的保证；具有科学依据的活植物收集与管理及其信息记录保存是国际公认的植物园的界定属性，是植物园履行其职能的先决条件；旅游开放和公众教育是植物园的社会属性，是植物园的功能拓展和社会责任；科学研究是植物园的科学属性，是植物园科学性的保障。

申请评价的植物园，应按照界定性评价标准提供申请资料和相关文件，完成自我评价并拟定自评分数。专家组在现场评审和相关文件审核的基础上进行综合评估，并根据界定性评价标准、评价指标和相关证明文件，拟定专家组评分。

每项界定性评价指标满分为 5 分，分为基本、一般、合格、良好和优秀五级，分别赋分 1～5 分；共 5 个界定性评价指标，专家组评分时，得分不得少于 15 分，否则不能被确认为植物园。

5.2 植物园类型认证

国际植物园协会（IABG）提倡植物园应分类型评价，将活植物收集（living collection，LC）作为所有类型植物园的基本条件，并将植物园分为教育型（LC+E）、保护型（LC+C）、研究型（LC+R）、教育-保护型（LC+E+C）、研究-教育型（LC+R+E）、研究-保护型（LC+R+C）和研究-教育-保护型（LC+R+E+C）（Heywood and Richardson，2018）。

本书参考 IABG 的理念，将中国植物园划分为教育型植物园、研究型植物园、教育-研究型植物园和综合型植物园四类，植物园类型绩效条件由认证专家组确定（表 5-1）；以活植物收集与迁地保护管理绩效（LM）为基础绩效，根据科学研究绩效（R）、科普开放与公众教育绩效（E）等进行中国植物园分类认证（附录 2）。

表 5-1 中国植物园分类及其绩效

植物园类型	活植物收集与迁地保护管理绩效 LM	科普开放与公众教育绩效 E	科学研究绩效 R	绩效条件
教育型植物园	□	■	■	$E \approx 2R$ $E+R \approx$ LM
研究型植物园	□	■	■	$R \approx 3E$ $E+R \approx$ 1.5LM
教育-研究型植物园	□	■	■	$E+R \approx$ 2LM
综合型植物园	□	■	■	$E+R \approx$ 2.5LM

注：□必备绩效，■可变绩效

5.3 植物园绩效认证

中国植物园绩效评价体系由 3 个一级界定性指标、19 个二级管理性指标和 60 个三级绩效指标构成，三级指标为绩效赋分指标。绩效评价基本分、一级指标分值及占比，以及建议分级分值见表 5-2。根据植物园绩效评价基本分值，中国植物园分为五级，由低至高分别为 1A 级、2A 级、3A 级、4A 级和 5A 级，其基本分值分别不低于 50 分、100 分、200 分、300 分和 400 分。植物园分级由低向高调整时，活植物收集与迁地保护管理绩效（LM）必须达到高一级别的绩效基本分值，以明确活植物收集与迁地保护管理绩效是植物园的核心。

表 5-2 中国植物园绩效分级

绩效指标	5A 级		4A 级		3A 级		2A 级		1A 级	
	分值	占比（%）	分值	占比（%）	分值	占比（%）	分值	占比（%）	分值	占比（%）
活植物收集与迁地保护 LM	185	45.9	140	46.4	105	51.2	65	55.1	35	50.7
科普开放与公众教育 *E*	77	19.1	64	21.2	51	24.9	38	32.2	25	36.2
科学研究 *R*	141	35.0	98	32.4	49	23.9	15	12.7	9	13.0
绩效基本分值	403		302		205		118		69	
分级分	≥400		≥300		≥200		≥100		≥50	

5.4 中国植物园认证程序

5.4.1 制定认证计划

参照本绩效评价体系，制定定期、适时的植物园认证办法，并遵从以下原则。

（1）植物园认证及其过程旨在促进我国植物园质量标准化导向。

（2）严格认证标准，以促进我国植物园的规范化和标准化。

（3）初次认证应根据我国植物园的实际现状适度调整认证标准，保持适当灵活性，允许各类植物园申请并获得评价资格。

5.4.2 申请认证

鼓励我国植物园积极申请中国植物园认证，中国植物园认证机构确定申请植物园是否符合申请认证的要求。申请认证的植物园提供的基本内容应包括以下几方面。

（1）是否有活植物收集和植物记录内设机构。

（2）是否有引种收集策略和活植物迁地保护管理制度。

（3）是否有植物园土地使用永久性的保障及其合理性。

（4）是否有植物园管理机构。

（5）是否有明确的植物园使命、定位、目标和愿景。

（6）是否向公众开放。

（7）是否有固定的专职员工和志愿服务人员。

5.4.3 自我评价

申请认证的植物园填写在线申请表，包括如下基本内容。

（1）管理。

（2）引种和迁地保护制度。

（3）活植物收集。

（4）活植物收集的使用情况。

（5）公众教育。

（6）保护研究。

（7）文化角色。

（8）环境可持续性。

申请认证的植物园按照评价标准进行自我评价，将自我评价资料提交至中国植物园认证机构并由中国植物园认证机构组织评审小组进行书面材料评估，并提出建议，如认证植物园的类型等。

5.4.4 实地考察和评价认证

在审查自我评价资料后，评审小组实地考察申请认证的植物园。认证机构组织实地考察和资料查阅，评审小组组长组织评审认证会，申请植物园为评审小组提供报告，经过充分讨论，由评审小组对认证做出决定。

附　　录

附录1　中国植物园界定性评价表

指标代码	界定性指标和评分标准	5	4	3	2	1	自评分数	专家组评分
D1	永存性属性：具有30～50年或更长时间的植物园园地的土地使用权并持续履行植物园功能。	优秀	良好	合格	一般	基本		
D2	科学研究属性：具有按科学依据收集植物的专类园区，如药用植物、农林作物近缘种及其育种资源、园艺与经济植物、有科学研究价值的植物等类群。鼓励开展植物学、园艺学、生态学、生物技术等相关研究，鼓励开展植物资源可持续利用理论和技术研发。	优秀	良好	合格	一般	基本		
D3	信息数据属性：开展植物信息记录与数据档案管理，具有植物信息记录长期保存及管理的机制，包括采集记录、迁地保护记录、资源评价记录、科学研究记录等，确保植物收集的科学价值及其后续应用价值。	优秀	良好	合格	一般	基本		
D4	管理监测属性：监测管理迁地保育植物的生长发育、栽培繁殖和物候特征等，确保重要生物学信息记录的长期持续积累与维护。	优秀	良好	合格	一般	基本		
D5	公众教育属性：具备规范的植物解说系统，向公众开放，开展植物展览、科学教育和科普宣传，满足公众提升科学素质和丰富文化生活的需求。	优秀	良好	合格	一般	基本		

附录 2　中国植物园绩效评价表

绩效指标和评分标准		5	4	3	2	1	加分	自评分	专家组评分
一、活植物收集与迁地保护管理									
（一）植物引种收集									
1	新引种植物登录数：评定近 3 年年均新引种植物登录数量，分夫五级：600 号、800 号、1000 号、1200 号和 1400 号，分别赋分 1～5 分；＞1400 号，每增加 200 号加 1 分。	≤1 400	≤1 200	≤1 000	≤800	≤600			
2	新引种植物野生来源分类群登录数：评定近 3 年新引种的已知野生来源分类群登录数，包括直接采自野外（W）和采自已知野生来源的栽培植株（Z）的分类群，分为五级：200 号、400 号、600 号、800 号、1000 号，分别赋分 1～5 分；＞1000 号，每增加 200 号加 1 分。	≤1 000	≤800	≤600	≤400	≤200			
3	新引种植物凭证标本数：评定近 3 年新引种植物凭证标本数，分为五级：600 份、800 份、1000 份、1200 份和 1400 份，分别赋分 1～5 分；＞1400 份，每新增 200 份加 1 分。	≤1 400	≤1 200	≤1 000	≤800	≤600			
4	活植物登录数：指纳入永久性收集的活植物总登录数。评定近 3 年活植物的总登录数，分为五级：4000 号、8000 号、12 000 号、16 000 号、20 000 号，分别赋分 1～5 分；＞20 000 号，每新增加 4000 号加 1 分。	≤20 000	≤16 000	≤12 000	≤8 000	≤4 000			

续表

绩效指标和评分标准		5	4	3	2	1	加分	自评分	专家组评分
5	迁地保护物种数：指迁地保护活植物物种数。评定近 3 年活植物收集的总物种数，分为五级：3000 种、5000 种、7000 种、9000 种、11 000 种，分别赋分 1～5 分；>11 000 种，每增加 1000 种加 1 分。	≤11 000	≤9 000	≤7 000	≤5 000	≤3 000			
6	迁地保护分类群数：指迁地保护活植物分类群数量。评定近 3 年活植物分类群数量，包括种、亚种、变种和变型等种下分类单元，分为五级：3000 种、5000 种、7000 种、9000 种、11 000 种，分别赋分 1～5 分；>11 000 种，每新增 2000 种加 1 分。	≤11 000	≤9 000	≤7 000	≤5 000	≤3 000			
7	迁地保护植物野生来源比例：指野生来源的活植物分类群比例，包括直接采自野外（W）和采自已知野生来源的栽培植株（Z）的登录数的比例。评定迁地保护植物中已知野生来源登录数占活植物收集登录总数的百分比（%），分为五级：10%、20%、30%、40%、50%，分别赋分 1～5 分；>50%，每增加 5%加 1 分。	≤50%	≤40%	≤30%	≤20%	≤10%			
8	迁地保护植物凭证标本数：指采集和保存基于活植物收集的迁地栽培植物标本数量。评定迁地栽培植物凭证标本的数量，分为五级：1000 份、3000 份、5000 份、7000 份和 9000 份，分别赋分 1～5 分；>9000 份，每增加 2000 份加 1 分。	≤9 000	≤7 000	≤5 000	≤3 000	≤1 000			

续表

	绩效指标和评分标准	5	4	3	2	1	加分	自评分	专家组评分
9	迁地保护植物特征图片数：指采集和保存基于活植物收集的迁地栽培植物特征图片数，特征图片包括根、茎、叶、花、果实、种子及物候等。评定具特征图片的活植物物种数量，分为五级：300 种、500 种、700 种、900 种、1100 种，分别赋分 1～5 分；>1100 种，每增加 100 种加 1 分。	≤1 100	≤900	≤700	≤500	≤300			
（二）植物多样性保护									
10	中国本土植物：评定迁地保护的中国本土植物分类群数量，分为五级：1000 种、2000 种、3000 种、4000 种和 5000 种，分别赋分 1～5 分；>5000 种，每增加 1000 种加 1 分。	≤5 000	≤4 000	≤3 000	≤2 000	≤1 000			
11	中国特有植物：评定迁地保护的中国特有植物分类群数量，分为五级：200 种、300 种、400 种、500 种和 600 种，分别赋分 1～5 分；>600 种，每增加 100 种加 1 分。	≤600	≤500	≤400	≤300	≤200			
12	特殊生境植物：指代表性生境和生态脆弱生境的植物。评定迁地保护的特殊生境植物分类群数量，分为五级：100 种、200 种、300 种、400 种和 500 种，分别赋分 1～5 分；>500 种，每增加 100 种加 1 分。	≤500	≤400	≤300	≤200	≤100			

续表

	绩效指标和评分标准	5	4	3	2	1	加分	自评分	专家组评分
13	珍稀濒危和受威胁植物：评定迁地保护珍稀濒危植物、受威胁植物、IUCN 红色名录及极小种群植物物种数，不得少于 50 种，分为五级：50 种、100 种、200 种、300 种和 400 种，分别赋分 1～5 分；>400 种，每增加 10 种加 1 分。	≤400	≤300	≤200	≤100	≤50			
14	药用植物：评定迁地保护药用植物物种数，分为五级：200 种、400 种、600 种、800 种和 1000 种，分别赋分 1～5 分；>1000 种，每增加 200 种加 1 分。	≤1 000	≤800	≤600	≤400	≤200			
15	经济植物：指香料植物、农作物野生近缘种和其他具潜在应用价值的植物。评定迁地保护经济植物物种数量，分为五级：200 种、400 种、600 种、800 种、1000 种，分别赋分 1～5 分；>1000 种，每增加 200 种加 1 分。	≤1 000	≤800	≤600	≤400	≤200			
（三）特定植物专类收集									
16	植物专类园区数：指具有科学依据的专科专属专类植物收集及其专类园区，包括不同类型的活植物收集及其专类园区，如科级或属级分类群收集、地理收集、栖息地收集、区域性收集和应用收集。评定专类园区数量，分为五级：3 个、5 个、10 个、15 个、20 个，分别赋分 1～5 分；>20 个，每增加 1 个加 1 分。	≤20	≤15	≤10	≤5	≤3			

续表

	绩效指标和评分标准	5	4	3	2	1	加分	自评分	专家组评分
17	国家级专类收集：指国家级资源圃或国家级专类植物收集。评定国家级活植物收集园区数或国家级资源圃数，每1个赋分5分。	1							
18	馆藏标本：评定馆藏标本数量，分为五级：10万份、20万份、30万份、40万份和50万份，分别赋分1～5分；＞50万份，每增加10万份加1分，最多加5分。	≤50万	≤40万	≤30万	≤20万	≤10万			
19	模式标本：包括主模式标本、等模式标本、副模式标本、合模式标本、后选模式标本、新模式标本和附加模式标本。评定模式标本数量，分为五级：100份、200份、300份、400份和500份，分别赋分1～5分；＞500份，每增加100份加1分。	≤500	≤400	≤300	≤200	≤100			
20	种子收集保存：评定保存种子登录数和种子标本登录数，分为五级：100号、200号、300号、400号和500号，分别赋分1～5分；＞500号，每增加100号加1分。	≤500	≤400	≤300	≤200	≤100			
21	种质资源保存：包括孢子、花粉、DNA样品、化学提取物、冷冻保存和组织培养材料等。评定种质收集保存登录数，分为五级：100号、200号、300号、400号和500号，分别赋分1～5分；＞500号，每增加100号加1分。	≤500	≤400	≤300	≤200	≤100			

续表

	绩效指标和评分标准	5	4	3	2	1	加分	自评分	专家组评分
（四）活植物鉴定查证									
22	鉴定查证比例：指鉴定查证迁地栽培和保育活植物的比例，包括现有植物名称的确认与订正、未定名植物的鉴定，以及根据国际植物命名法规和栽培植物命名法规对有效名称的确认或订正。评定鉴定查证植物分类群的百分比（%），分为五级：10%、20%、30%、40%、50%，分别赋分 1～5 分；>50%，每增加 10%加 1 分。	≤50%	≤40%	≤30%	≤20%	≤10%			
（五）植物物候观测									
23	常规物候观测项目：评定每年常规物候观测的物种数量，分为五级：50 种、100 种、150 种、200 种、250 种，分别赋分 1～5 分；>250 种，每增加 50 种加 1 分。	≤250	≤200	≤150	≤100	≤50			
24	长期物候观测项目：指植物园保存植物的长期物候观测，包括科学问题导向的物候观测项目。评定长期物候观测分类群数，每 1 种赋分 5 分，每增加 1 种加 5 分。	1							

续表

	绩效指标和评分标准	5	4	3	2	1	加分	自评分	专家组评分
（六）植物迁地保护设施									
25	种子库或繁殖实验室：评定种子库或繁殖实验室的面积（m^2），分为五级：20m^2、40m^2、60m^2、80m^2 和 100m^2，分别赋分 1～5 分；＞100m^2，每增加 20m^2 加 1 分，最多加 5 分。	≤100	≤80	≤60	≤40	≤20			
26	保育温室和保育苗圃：评定保育温室和保育苗圃面积（m^2），不低于 1000m^2，分为五级：1000m^2、3000m^2、5000m^2、7000m^2 和 9000m^2，分别赋分 1～5 分；＞9000m^2，每增加 2000m^2 加 1 分，最多加 5 分。	≤9 000	≤7 000	≤5 000	≤3 000	≤1 000			
27	组培和微繁设施：评定组培和微繁设施面积（m^2），分为五级：200m^2、300m^2、400m^2、500m^2 和 600m^2，分别赋分 1～5 分；＞600m^2，每增加 100m^2 加 1 分，最多加 5 分。	≤600	≤500	≤400	≤300	≤200			
（七）植物检疫与病虫害防治									
28	植物检疫及病虫害防治：建立植物检疫及病虫害防治制度，有效监测迁地栽培植物病虫害及其防治。评定近 5 年检疫植物和病虫害防治的迁地栽培活植物分类群数量，分为五级：10 种、20 种、30 种、40 种和 50 种，分别赋分 1～5 分；＞50 种，每增加 10 种加 1 分。	≤50	≤40	≤30	≤20	≤10			

续表

绩效指标和评分标准		5	4	3	2	1	加分	自评分	专家组评分
（八）植物材料交换及应用									
29	植物材料交换：指提供种子交换或其他植物材料交换服务，包括通过“种子交换名录”“迁地栽培植物名录”或其他形式。评定近 5 年与其他植物园或其他机构交换种子和其他活植物材料的分类群数量，分为五级：10 种、20 种、30 种、40 种和 50 种，分别赋分 1～5 分；＞50 种，每增加 10 种加 1 分。	≤50	≤40	≤30	≤20	≤10			
30	植物标本交换：指与其他植物园和研究机构开展植物标本交换服务。评定交换的标本数量，分为五级：10 种、15 种、20 种、25 种和 30 种，分别赋分 1～5 分；＞30 种，每增加 10 种加 1 分。	≤30	≤25	≤20	≤15	≤10			
31	提供研究或保护材料：指为研究和保护机构及其项目提供活植物收集材料。评定近 3 年为研究和保护项目提供的分类群数量，分为五级：10 种、15 种、20 种、25 种和 30 种，分别赋分 1～5 分；＞30 种，每增加 5 种加 1 分。	≤30	≤25	≤20	≤15	≤10			
32	促进基于活植物收集的绿化应用：评定推广应用基于活植物收集的绿化物种数，分为五级：10 种、20 种、30 种、40 种和 50 种，分别赋分 1～5 分；＞50 种，每增加 10 种加 1 分。	≤50	≤40	≤30	≤20	≤10			

续表

绩效指标和评分标准		5	4	3	2	1	加分	自评分	专家组评分
二、科普开放与公众教育									
（一）科普解说系统									
33	植物名牌：评定重要主题游览线路和专类园区游线上重要植物名牌的比例，分为五级：10%、20%、30%、40%和50%，分别赋分1～5分；>50%，每新增加10%加1分。	≤50%	≤40%	≤30%	≤20%	≤10%			
34	解说牌：指公众解说和专业知识传播，主要包括重要植物、生物现象、历史文化景观、自然景点及热点科学知识。评定园区重要主题游览线路和专类园区游线上解说牌的比例，分为五级：10%、20%、30%、40%、50%，分别赋分1～5分；>50%，每新增加10%加1分。	≤50%	≤40%	≤30%	≤20%	≤10%			
35	专类园区介绍牌：包括专类植物收集及其园区的解说。评定专类植物收集及其园区介绍牌的数量，分为五级：10个、15个、20个、25个和30个，分别赋分1～5分；>30，每新增加5个加1分。	≤30	≤25	≤20	≤15	≤10			
36	科普橱窗：指在园区关键节点设置的科普橱窗。评定园区科普橱窗的数量，分为五级：5个、10个、15个、20个和25个，分别赋分1～5分；>25个，每增加5个加1分。	≤25	≤20	≤15	≤10	≤5			

续表

	绩效指标和评分标准	5	4	3	2	1	加分	自评分	专家组评分
37	移动解说牌：指在植物园主入口和园区重要场地设置的移动解说牌，及时传播花讯、科普活动和教育课程的最新资讯。评定移动解说牌的数量，分为五级：10 个、20 个、30 个、40 个和 50 个，分别赋分 1～5 分；>50 个，每新增加 10 个加 1 分。	≤50	≤40	≤30	≤20	≤10			
（二）环境教育活动和自然教育课程									
38	专题植物展览及花展：指节庆花展和基于活植物收集的适时/应季专题展览。评定近 3 年年均节庆花展和专题花展的次数，每 1 次赋分 3 分；>1 次，每增加 1 次加 3 分。			1					
39	环境教育活动：指专题展览、讲座和公众教育活动等。评定近 5 年参加环境教育活动的年均场次，分为五级：30 场、60 场、90 场、120 场、150 场，分别赋分 1～5 分；>150 场，每增加 30 场加 1 分。	≤150	≤120	≤90	≤60	≤30			
40	自然教育课程：指基于植物收集及专类园区开展的自然教育课程的场次。评定近 5 年参与自然教育课程的年均场次，分为五级：20 场、40 场、60 场、80 场、100 场，分别赋分 1～5 分；>100 场，每增加 20 场加 1 分。	≤100	≤80	≤60	≤40	≤20			

续表

	绩效指标和评分标准	5	4	3	2	1	加分	自评分	专家组评分
（三）科学教育和园艺技能培训									
41	科学教育培训：指面向学校、自然教育从业者等举办的科学教育、自然教育和环境教育培训。评定近5年科学教育培训的场次，分为五级：10场、15场、20场、25场和30场，分别赋分1～5分；>30场，每增加5场加1分。	≤30	≤25	≤20	≤15	≤10			
42	园艺技能培训：评定近5年引种、保育和园林园艺培训的场次，分为五级：10场、15场、20场、25场和30场，分别赋分1～5分；>30场，每增加5场加1分。	≤30	≤25	≤20	≤15	≤10			
（四）媒体传播与信息宣传									
43	信息发布数量 指通过中英文网站、官方微博、微信或其他网络媒体和社交媒体等渠道，以及依托官方网站及国际国内植物园网络平台、纸质媒体、广播电视媒体和新媒体的宣传报道，发布活植物收集及其展示、教育、保护和培训的信息的数量。评定近5年植物保护、园艺专题报道及新闻宣传的年平均次数或年发布文章平均数，分为五级：30、50、70、90和110，分别赋分1～5分；>110，每增加20加1分。	≤110	≤90	≤70	≤50	≤30			

续表

	绩效指标和评分标准	5	4	3	2	1	加分	自评分	专家组评分
（五）志愿项目和志愿者服务									
44	志愿者服务：指引种收集与物种保育、园林园艺管理和科普教育与园区导游等志愿服务。评定近 5 年年均参与志愿服务的人数，分为五级：60 人次、90 人次、120 人次、150 人次和 180 人次，分别赋分 1～5 分；＞180 人次，每增加 30 人次加 1 分。	≤180	≤150	≤120	≤90	≤60			
（六）接待游客规模									
45	游客数量：评定近 5 年年均游客数量（万人次），分为五级：10 万人次、20 万人次、30 万人次、40 万人次和 50 万人次，分别赋分 1～5 分；＞50 万人次，每新增加 10 万人次加 1 分。	≤50 万	≤40 万	≤30 万	≤20 万	≤10 万			
46	青少年数量：评定近 5 年年均青少年入园接受科普教育的数量（万人次），分为五级：4 万人次、8 万人次、12 万人次、16 万人次和 20 万人次，分别赋分 1～5 分；＞20 万人次，每新增加 4 万人次加 1 分。	≤20 万	≤16 万	≤12 万	≤8 万	≤4 万			

续表

绩效指标和评分标准		5	4	3	2	1	加分	自评分	专家组评分
三、科学研究									
（一）相关著作的编研									
47	学术专著：指基于活植物收集的专科、专属、专类等著作的编研和出版。评定近3年编研专科、专属、专类植物的专著数量，每1部著作赋分5分。								
48	科普图书：评定近3年出版的基于活植物收集的科普图书的数量，每1部著作赋分3分。								
（二）分类学研究									
49	发表论文数量：评定近3年利用标本馆和活植物收集开展分类学研究所发表的论文数量，其中国内核心期刊论文每篇2分，SCI论文每篇3分、Top30%及以上论文每篇5分。								
50	发表新物种数量：发表新物种包括正式发表的新组合、新异名。评定近3年发表新物种（含新组合和新异名）的数量，每个新物种（含新组合和新异名）赋分1分，不得与上一绩效重复计算。								

续表

绩效指标和评分标准		5	4	3	2	1	加分	自评分	专家组评分
（三）参与保护和保护生物学项目									
51	保护生物学研究：指参与保护和保护生物学项目及其研究，包括就地保护、迁地保护、野外回归及栖息地恢复和重建。评定近3年参与保护和保护生物学研究的论文发表数量，其中国内核心期刊论文每篇1分，SCI论文每篇3分、Top30%及以上论文每篇5分。								
52	野外回归与栖息地恢复研究：指开展受威胁植物野外回归和栖息地恢复。评定近3年野外回归与栖息地恢复项目及物种回归数量、栖息地恢复数量和论文发表数量，其中每成功实现野外回归植物1种赋分5分，每成功实现1处栖息地恢复赋分5分，发表国内核心期刊论文每篇1分，SCI论文每篇3分、Top30%及以上论文每篇5分。								
53	遗传多样性保护研究：指开展受威胁植物遗传多样性迁地保护、实施种群采样的成效。评定近3年遗传多样性保护物种数量及其发表论文数量，其中每保护1种植物赋分5分，发表国内核心期刊论文每篇1分，SCI论文每篇3分、Top30%及以上论文每篇5分。								

续表

绩效指标和评分标准		5	4	3	2	1	加分	自评分	专家组评分
54	研究监测外来植物：评定近 5 年对外来物种、逃逸及入侵物种的研究和监测，开展研究和监测防治措施后，未发现外来入侵物种及其扩散，赋分 5 分，或每有效监控 1 种外来入侵植物，赋分 1 分。								
（四）引种驯化研究									
55	资源植物研究：指民族植物、药用植物和芳香植物等其他经济植物的研究。评定近 3 年发表资源植物研究的论文数量，其中国内核心期刊论文每篇 2 分，SCI 论文每篇 3 分、Top30%及以上论文每篇 5 分。								
56	繁殖技术研究：指开展活植物收集的繁殖技术研究，包括种子繁殖、扦插繁殖、嫁接繁殖和组织培养。评定近 3 年发表繁殖技术研究的论文数量，其中国内核心期刊论文每篇 2 分，SCI 论文每篇 3 分、Top30%及以上每篇 5 分。								
（五）植物资源发掘利用									
57	国家级或国际保护新品种及专利：指国际授权植物专利或国际授权保护新品种、国家授权保护新品种的培育情况。评定近 3 年国际授权植物专利或国际授权新品种、国家授权保护的植物新品种数量，每个新品种或专利赋分 5 分。								

续表

绩效指标和评分标准		5	4	3	2	1	加分	自评分	专家组评分
58	省部级专利及新品种：指省部级植物专利与新品种培育。评定近3年省部级审定通过的植物专利或授权的新品种数量，每个省部级专利及新品种赋分1分。								
59	国际登录新品种：评定国际登录新品种数量，每个新品种赋分2分。								
60	专利与新品种应用转化：指开展植物专利与新品种应用转化，或基于活植物收集开展功能食品和保健品研发。评定近3年推广应用的植物专利和新品种数量、开发功能食品或保健品的数量，每推广一个专利或新品种或功能食品或保健品赋分5分。								

注：本表内容与“4 中国植物园绩效评价体系”一致。

附录3 术语和定义

1. 植物园（botanical garden）

本书综合采纳国际植物园协会（IABG）早期对植物园（树木园）的定义：植物园是一个向公众开放的、其内的植物挂有标牌的园地；国际植物园保护联盟（Botanic Gardens Conservation International，BGCI）对植物园定义的表述：拥有活植物收集，并对收集的植物进行档案记录管理，使之可用于科学研究、保护、展示和教育的机构（Wyse Jackson and Sutherland，2000）；并遵从IUCN-BGCS和WWF（1989）对植物园的综合界定。

2. 活植物收集（living collection）

活植物收集或植物收集（botanical plant collection）是有档案记录、根据具体的标准或主题收集的植物，分类学、植物地理学、栖息地和发掘应用是最常见的收集主题。植物园拥有的所有活植物可称为活植物收集，不同类型的植物收集可称为专类植物收集或植物专类园区。活植物收集是植物园实现其使命的中心任务，特别是与植物园的研究和教育关联的核心任务。植物收集可以是短期收集至制度性的长期收集，因植物园的活植物收集制度而异（Dosmann，2006）。

3. 登录号（accession number）

登录号是植物园收集的植物与记录信息关联的主要方

式，是植物园管理植物材料与对应数据信息的管理系统，对于植物的鉴定、来源及其在植物园的历史和迁地保护状况至关重要，是植物园活植物收集和迁地保护的物种及资源材料的身份识别标识。一个登录号可指一株（批）植株、一包种子、一批枝条和其他相关的植物材料。

4. 种源（provenance）

种源即该植物材料的来源，也称为地理种源，指活植物材料的来源，需根据引种材料的地理来源，包括直接从野外采集（W）、已知野生来源的栽培植株（Z）、未知野生来源的栽培植株（G）或来源不确定即未知来源（U）。

5. 查证（verification）

查证指登录植物的正确鉴定，是植物收集评价的核心任务，包括活植物现有名称的确认、现有名称的订正、未鉴定的疑难物种名称的确认及基于国际植物命名法规和国家栽培植物命名法规确认植物名称的有效性等。

6. 信息记录和档案管理（documentation and data archive）

活植物收集是植物园的中心任务，而植物信息记录和档案管理是植物园的灵魂。活植物收集的信息记录是植物园区别于公园、保护区等其他植物收集机构的特征之一。迁地保护必须有翔实的登录、数据维护、档案管理等。活植物收集如记录不准确或不完善并长期保存，其科学价值和保护价值则非常受限。

7. 模式标本（type specimen）

模式标本是生物学名确定和发表时所依据的特定标本，是分类学名称的永久凭证，在保障命名体系中具有不可替代的作用。模式标本包括主模式、等模式、副模式、合模式、后选模式、新模式和附加模式等（McNeill et al.，2012）。

8. 旅游景区（tourist attraction）

旅游景区又称景区、景点、旅游景点，是游客游览的场所，其内在的或展示的自然或文化价值、历史价值，提供和满足游客游览观光、消遣娱乐、康体健身、求知等需求，景区应具备相应的旅游服务设施并提供相应旅游服务。

参考文献

黄宏文. 2014. 中国迁地栽培植物志名录. 北京: 科学出版社.

黄宏文. 2015-2018. 中国迁地栽培植物大全(第1-13卷). 北京: 科学出版社.

黄宏文. 2018a. 中国植物园. 北京: 中国林业出版社.

黄宏文. 2018b. 植物迁地保护原理与实践. 北京: 科学出版社.

黄宏文, 张征. 2012. 中国植物引种栽培及迁地保护的现状与展望. 生物多样性, 20(5): 559-571.

刘华, 肖春芬, 毛世忠. 2017. 中国迁地栽培植物志(紫金牛科)//黄宏文. 中国迁地栽培植物志. 北京: 科学出版社.

任海, 简曙光, 刘红晓, 等. 2014. 珍稀濒危植物的野外回归研究进展. 中国科学: 生命科学, 44(3): 230-237.

杨科明, 陈新兰, 龚洵, 等. 2015. 中国迁地栽培植物志(木兰科)//黄宏文.中国迁地栽培植物志. 北京: 科学出版社.

俞德浚. 1959. 十年来我国植物园事业的发展. 生物学通报, (10): 449-455.

俞德浚, 盛诚桂. 1983. 中国植物引种驯化五十年. 植物引种驯化集刊, 第3集: 3-10.

Dosmann MS. 2006. Research in the garden-averting the collections crisis. The Botanical Review, 72: 207-234.

Heywood VH, Richardson M. 2018. Accreditation for Botanic Gardens. International Association of Botanic Gardens, Information paper No. 1. Guangzhou: International Association of Botanic Gardens, South China Botanical Garden, CAS.

Heywood VH. 1987. The changing role of the botanic garden. *In*: Bramwell D, et al. Botanic Gardens and the World Conservation Strategy. London: Academic Press.

Heywood VH. 2011. The role of botanic gardens as resource and introduction centres in the face of global change. Biodivers Conserv, 20: 211-239.

Huang H, Liao J, Heywood VH, et al. 2018. A Global Checklist of Botanic Gardens and Arboreta. Guangzhou: International Association of Botanic Gardens.

IUCN-BGCS, WWF. 1989. The Botanic Gardens Conservation Strategy. Gland: WWF & IUCN.

Leadlay E, Greene J. 1998. The Darwin Technical Manual for Botanic Gardens. Richmond: Botanic Gardens Conservation International.

McNeill J, Barrie FR, Buck WR, et al. 2012. International Code of Nomenclature for algae, fungi, and plants (Melbourne Code) adopted by the Eighteenth International Botanical Congress. Melbourne, Australia, July 2011. Königstein: Koeltz Scientific Books.

Rae D, Baxter P, Knott D, et al. 2006. Collection Policy for the Living Collection. Edinburgh: Royal Botanic Garden Edinburgh.

Smith P, Harvey-Brown Y. 2017. BGCI Technical Review: Defining the botanic garden, and how to measure performance and success. Richmond: Botanic Gardens Conservation International.

Wyse Jackson PS, Sutherland LA, 2000. International Agenda for Botanic Gardens in Conservation. Richmond: Botanic Gardens Conservation International.